VALENTINE DARMENTIÈRE

DRAME EN CINQ ACTES

PAR

MM. Ph. DUMANOIR et Ad. D'ENNERY

MUSIQUE DE M. FOSSEY

DIRECTION DE M. A. ARMANT

REPRÉSENTÉ POUR LA PREMIÈRE FOIS, A PARIS, SUR LE THÉATRE DE LA GAITÉ, LE 9 NOVEMBRE 1864

DISTRIBUTION DE LA PIÈCE

MAURICE DARMENTIÈRE (premier rôle)...	M. DUMAINE.
MADAME DARMENTIÈRE, sa mère (premier rôle)...........	Mme LACROIX.
VALENTINE, sa femme (jeune premier rôle).	Mlle DUVERGER.
GEORGES COURTENAY (jeune premier rôle).	MM. CLARENCE.
NARCISSE MULOT, ex-étudiant en pharmacie (premier comique jeune)...............	ALEXANDRE.
LOUIS VERNIER (premier amoureux)......	LÉON LEROY.
BÉRÉNICE, modiste (soubrette)............	Mlle ADORCY.
UNE DAME	Mme RICHÉ.
FERNAND, enseigne de vaisseau, son fils....	M. ZIMMER.
UN MAITRE D'HOTEL.................	MM. JANNIN.
PREMIER GARÇON D'HOTEL............	ROGER.
DEUXIÈME GARÇON D'HOTEL...........	HÉNICLE.
UN VOYAGEUR	EUGÈNE.
PREMIER OUVRIER...................	MARTINET.
DEUXIÈME OUVRIER.................	GARNIER.
UN DOMESTIQUE...................	GABRIEL.
UNE JEUNE DAME	Mlle ADOLPHINE.
VOYAGEURS ET VOYAGEUSES, INVITÉS DES DEUX SEXES, OUVRIERS.	

— Tous droits réservés. —

ACTE PREMIER

Un salon de l'hôtel Frascati, au Havre. Au fond, vue de la mer. Portes au premier plan, à droite et à gauche; au deuxième plan, de chaque côté, deux glaces non étamées : la porte de gauche donne sur une terrasse; par celle de droite, on aperçoit un salon éclairé par un lustre; au milieu, glace non étamée; cheminée garnie richement; de chaque côté, ouverture; celle de droite sur l'intérieur, celle de gauche sur l'extérieur; à gauche, une chaise, un canapé et un fauteuil; à droite, une table garnie et quatre chaises; ameublement riche; six autres sièges, çà et là; devant les glaces, riches jardinières.

SCÈNE PREMIÈRE

GARÇONS DE L'HÔTEL, préparant le salon.

(On entend des voitures; deux garçons courent aux fenêtres.)
PREMIER GARÇON, entrant de la droite. Tiens!... est-ce que le convoi de Paris est arrivé?

DEUXIÈME GARÇON, à la fenêtre, à gauche. Oui... car voilà une file de fiacres qui se dirigent vers l'hôtel.

SCÈNE II.

LES MÊMES, COURTENAY, MADAME DARMENTIÈRE, FOULE DE VOYAGEURS, tous venant de la gauche.

UN VOYAGEUR. Garçon, avez-vous une chambre donnant sur la mer?
PREMIER GARÇON. Oui, monsieur, par ici, au bout de cette galerie. (Ils disparaissent.)
UNE JEUNE DAME. Un appartement, je vous prie!
DEUXIÈME GARÇON. A l'instant, madame... de ce côté, au n° 11.
LA DAME. Faites monter mes effets... Ah! et mon mari aussi... je l'ai laissé avec les colis. (Elle disparaît à droite.)

DEUXIÈME GARÇON. On va tout monter, madame. (Elle sort à droite. — Courtenay entre du fond, donnant le bras à madame Darmentière, qui vient s'asseoir sur le canapé à gauche.)

MADAME DARMENTIÈRE. En vérité, monsieur, je suis confuse de tant d'obligeance... Rencontrer ainsi au débarcadère un cavalier empressé et galant, qui vous offre son bras, vous accompagne jusqu'à votre hôtel... voilà de ces bonnes fortunes auxquelles on n'est plus habitué à mon âge.

COURTENAY. La jeunesse actuelle est donc bien dégénérée, madame, pour que vous fassiez tant de cas d'une si simple politesse?... Je descendais moi-même du convoi, et, dès que je me suis aperçu que vous étiez seule, sans défense...

MADAME DARMENTIÈRE, souriant. Seule et sans défense?... Non pas... j'avais avec moi mes soixante ans, qui ne me quittent jamais... et qui valent bien tout un cortège de cavaliers... C'est ce qui, tout d'abord, je vous l'avoue, m'a fait tenir pour suspectes vos gracieuses intentions.

COURTENAY. Et pourquoi?

MADAME DARMENTIÈRE, se levant. Ah! c'est que, d'ordinaire, on ne fait la cour aux vieilles femmes que lorsqu'un jeune visage se cache derrière elles... et ici, j'ai beau me retourner, je ne vois pas la compensation... Prenez garde, vous allez en être pour vos frais...

COURTENAY. Non, madame, non... je suis trop payé par le plaisir d'offrir mes soins à madame Darmentière, que j'ai rencontrée si souvent cet hiver.

MADAME DARMENTIÈRE. Allons donc!... pourquoi ne l'avoir pas dit tout d'abord?... pourquoi vouloir me faire croire à une galanterie générale, ayant pour objet toutes les vieilles inconnues que vous voyez sur votre chemin?... Croyez-vous, monsieur, que je ne vous aie pas reconnu?... On s'imagine que la vue se perd quand vient l'âge... erreur!... Ces yeux-là ont l'air de ne rien regarder, et ils voient tout... Comment n'aurais-je pas remarqué le cavalier assidu que je rencontre dans toutes les soirées, tous les bals, où je vais avec...

COURTENAY. Avec M. Darmentière, votre fils, un de nos ingénieurs les plus distingués...

MADAME DARMENTIÈRE, l'observant. Et avec madame Darmentière jeune, ma bru, un de ces jolis visages dont nous parlions tout à l'heure... (Négligemment.) Vous venez au Havre pour prendre des bains de mer, monsieur?... (Elle remonte et s'assied.)

COURTENAY. Dieu m'en garde, madame!... Tout Paris est ici dans l'eau... il faut se saluer en nageant, se serrer la main entre deux lames, et c'est gênant, sans cravate blanche.

MADAME DARMENTIÈRE, assise. Alors, monsieur, une simple promenade... à propos de rien?

COURTENAY. A propos de bal, madame... J'ai su qu'il y avait aujourd'hui réunion dansante à Frascati, et je trouve original d'aller en soirée à soixante lieues... D'abord, cela coûte un peu plus cher, et je ne laisse jamais échapper l'occasion de dépenser mes revenus... C'est un de mes principes : la richesse n'est excusable qu'à la condition de s'en servir, et, ma foi, je fais tout ce que je peux pour cela... Mais vous-même, madame, vous venez sans doute au Havre pour y rejoindre M. Darmentière, votre fils?

MADAME DARMENTIÈRE. Et madame Darmentière jeune, ma bru... c'est cela même... et, si vous permettez... (A un garçon qui passe.) Veuillez me conduire à l'appartement de M. Darmentière.

LE GARÇON. M. Darmentière est sorti, madame... Il est allé à bord du paquebot *le Saint-Jacques*, qui doit mettre à la voile aujourd'hui pour le Brésil... mais madame Darmentière est ici, au n° 23... (Montrant la droite.)

COURTENAY, à part. Elle est là !

LE GARÇON. Et je vais y conduire madame.

MADAME DARMENTIÈRE, vivement. Non, c'est inutile... j'attendrai le retour de mon fils... Faites-moi, je vous prie, préparer un appartement.

LE GARÇON. De ce côté.

MADAME DARMENTIÈRE, à Courtenay. Je vous laisse, monsieur, tout à la pensée du bal, qui s'apprête et qui vous garde, je n'en doute pas, la récompense des bons soins donnés à la vieillesse... Au revoir, monsieur!

COURTENAY, empressé. Au revoir?... où donc, madame...

MADAME DARMENTIÈRE, riant. Eh ! mais, partout... puisque c'est là que nous nous rencontrons toujours! (Elle sort par la gauche, premier plan.)

SCÈNE III.

COURTENAY, seul, réfléchissant. Eh! eh! M. Darmentière est sorti, a dit ce garçon, mais madame Darmentière est ici, au n° 23... (Il s'assied.) et la douairière, au lieu d'aller à l'appartement de sa bru, en a aussitôt demandé un pour elle-même... d'où je conclus que belle-mère et belle-fille ne vivent pas dans l'entente la plus cordiale... Est-ce bon, est-ce mauvais pour moi?... Bon, excellent, si la vieille dame évite la jeune... mauvais, si elle la persécute et la surveille. (Il se lève.) Eh! après tout, que m'importe?... la belle-mère ne fera pas plus obstacle que le mari... (S'animant.) Je l'aime, cette jeune et belle femme, imposante comme une reine !... j'aime cette vertu qui n'a pas failli, cette audacieuse confiance en elle-même, ces airs ironiques et dédaigneux qui semblent des défis!... et elle sait bien que je l'aime... Du haut de sa fierté, elle a remarqué cet amant qui la suit toujours et partout... ce soupirant inconnu dont elle ignore même le nom, car, avec des femmes de cette nature, la réserve et le mystère valent mieux que de vulgaires hommages... Voilà deux mois que cela dure, et, pour la première fois, j'avais perdu la trace de ses pas!... J'apprends qu'elle est partie pour le Havre avec son mari, qui se rend au Brésil, au Paraguay, que sais-je?... Dans ma précipitation à prendre le premier convoi, j'ai laissé là mon hôtel, mes gens, sans donner un seul ordre... (S'asseyant.) En attendant une porte du n° 23, écrivons quelques mots... là, à cette table... C'est d'ailleurs une contenance toute trouvée, pendant la faction que je m'apprête à faire dans cette salle.

SCÈNE IV.

COURTENAY, MULOT, BÉRÉNICE.

MULOT, au fond. Entre donc, Bérénice... c'est le premier hôtel du Havre... c'est le plus cher, le plus chic !

BÉRÉNICE, tristement. Oui... c'est très-beau, ici.

COURTENAY, à part. Tiens! ces deux individus que j'ai vus si occupés... au buffet de Rouen.

MULOT. Eh! garçon!... la fille !... un Normand quelconque !... (Apercevant Courtenay.) Ah! voici quelqu'un qui va nous renseigner... (S'adressant à Courtenay.) Monsieur... Eh mais! j'ai eu le plaisir de voir monsieur à la station de Rouen, où je faisais rafraîchir ma cousine Bérénice d'une tranche de pâté... Faites-lui la révérence, Bérénice.

BÉRÉNICE, tristement. Bonjour, monsieur !

MULOT. Pardon, monsieur, si j'interromps votre lettre... c'est pour vous demander un simple renseignement sur cette ville de commerce, où nous arrivons pour la première fois.

COURTENAY. Parlez, monsieur... Monsieur...

MULOT, se présentant. Narcisse Mulot, ex-étudiant en pharmacie... (Présentant Bérénice.) Ma cousine, mademoiselle Bérénice Bavolet, modiste... Je suis le neveu de Gustave Mulot, ancien matelassier... Vous avez entendu parler du fameux Mulot... l'éditeur du sommier élastique en osier?...

COURTENAY. Excusez-moi, monsieur, je suis un peu pressé... et...

MULOT, approchant un siège et s'y plaçant en postillon. Rassurez-vous, monsieur... il ne s'agit, je le répète, que d'un renseignement succinct... Je continue... Mon oncle Mulot avait absolument voulu me faire entrer à l'École centrale de pharmacie, et il me faisait, à cet effet, une pension de douze cents francs. Mais, que voulez-vous, monsieur ! j'avais peu de goût pour les nitrates, les hydrochlorates, les sulfates et les phosphates... une vocation irrésistible m'entraînait vers l'École centrale de Mabille... mais, douze cents francs ne suffisant pas à l'éducation qu'on reçoit dans cet établissement, mon oncle Mulot, qui gagnait beaucoup d'argent avec le sommier élastique en osier, doubla ma subvention.

COURTENAY, l'interrompant. Permettez... il s'agissait d'un renseignement...

MULOT. Nous y voilà, monsieur... J'ai des dettes, je veux m'acquitter, épouser ma cousine Bérénice... (Mouvement d'impatience de Courtenay, qui se remet à écrire.) Faites, monsieur, faites... ne vous gênez pas... pourvu que j'obtienne le renseignement qui m'est nécessaire...

COURTENAY. Ah! enfin...

MULOT. Et j'ai pris un grand parti... (Il se lève.) Ce soir, je m'embarque sur un paquebot américain, *l'Oncle Tom*... qui part pour la Californie avec quatre cent cinquante émigrants, des Alsaciens... (Serrant Bérénice dans ses bras.) Oui, Bérénice, je vais fouiller dans les placers, j'ai ma pêche de l'or dans le Sacramento!... et, avant un an, tu m'entendras bien, avant un an, je te recevrai dans mon hôtel, à Paris, avec trois laquais dans l'antichambre, quatre chevaux à l'écurie, et je te promènerai en calèche découverte sur le macadam.

BÉRÉNICE. Avant un an?

COURTENAY, riant. Drôle d'original !

BÉRÉNICE, à Courtenay. Là, vraiment, monsieur, croyez-vous que ce soit possible?... Moi, je ne peux pas m'imaginer ça.

MULOT. Mais demande à monsieur.

COURTENAY. A moi?... Ma foi, jeune homme, vous me paraissez résolu, entreprenant... et c'est dommage, peut-être, que vous alliez vous confondre avec vos quatre cent cinquante Alsaciens... Pour un garçon de votre trempe, croyez-moi, Paris est encore la meilleure des Californies.
MULOT. Paris?... Allons donc!... placer usé!... mine exploitée jusqu'au tuf!... (Avec enthousiasme.) San-Francisco, monsieur, San-Francisco!... On m'y attend, on m'y appelle, on m'y demande!.. et voilà l'histoire d'un jeune pharmacien fruit sec, qui vous demande pardon d'avoir interrompu notre correspondance.
COURTENAY, riant. Pour me demander un renseignement.
MULOT. J'y arrivais, monsieur, j'y arrivais.
COURTENAY. Enfin!
MULOT. Pourriez-vous me dire, je vous prie, l'heure de la marée?...
COURTENAY. Ah bah!... C'est pour cela que...
MULOT. C'est pour faire prendre un bain de mer à Bérénice.
BÉRÉNICE. Mais je t'ai déjà dit que je m'y refusais!
MULOT, à Courtenay. Monsieur...
COURTENAY. Ah! nous allons recommencer?... Je n'ai pas le temps! (A part, se levant.) Allons terminer ailleurs ma lettre... (Haut,) Si vous avez besoin encore de renseignements, voici la sonnette, appelez le garçon. (Il sort à droite.)

SCÈNE V.

MULOT, BÉRÉNICE.

BÉRÉNICE, assise à gauche. Ah çà! Mulot, est-ce que tu crois que je vais te laisser partir comme ça?
MULOT. Il le faut, Bérénice... C'était d'ailleurs convenu à Paris... Nous avons échangé des adieux touchants, j'ai juré de revenir dans douze mois, tu m'as fait serment de me rester fidèle jusqu'à mon retour... tu m'as garanti de la fidélité pour un an...
BÉRÉNICE. Eh bien, j'ai eu tort!... Je me suis trop avancée... et c'est pour ça que je te dis... (Avec abandon.) Mulot, emmène-moi en Californie.
MULOT. Par exemple!... tu ne peux pas me promettre un peu de constance... garanti pour un an?...
BÉRÉNICE. Non, c'est trop.
MULOT. Tu ne m'aimes donc pas?
BÉRÉNICE. Si fait!
MULOT. Tu en aimes donc un autre simultanément?
BÉRÉNICE. Pas d'autre, mais ça peut arriver... (Mulot fait un mouvement.) La femme est faible, voilà mon principe, monsieur, et je veux vous suivre en Californie.
MULOT. Mais j'ai confiance en toi!
BÉRÉNICE. Moi pas! (Mulot tombe assis près d'elle.) A preuve, tenez : vous savez, cet étudiant blond qui tournait autour du magasin?
MULOT. Et qui m'a flanqué... (Se reprenant.) non, à qui j'ai administré une volée mémorable?... Il m'est connu.
BÉRÉNICE. Eh bien, à peine aviez-vous filé, qu'il a reparu.
MULOT. Tu le trouves donc beau?...
BÉRÉNICE. Affreux!... Mais qui sait?... à force de le regarder, je finirais peut-être par le trouver joli... C'est toujours comme ça avec les hommes laids... J'ai bien fini par le trouver joli, toi... (Elle lui caresse le menton.) On s'y fait, et puis... Oh! les femmes! les femmes!
MULOT. Mais, Bérénice, tu n'es pas comme les autres... tu es vertueuse, toi.
BÉRÉNICE. La vertu?... Oh! mon cher, la vertu, ça n'a jamais sauvé personne... Ce qui sauve, c'est la peur... J'ai peur... (Se levant.) et je veux aller en Californie.
MULOT, de même. Mais, malheureuse! en Californie, la femme est encore plus courue qu'à Paris,.. Tu serais courue, Bérénice!...
BÉRÉNICE, tristement. C'est vrai!
MULOT. Allons, Bérénice, aie confiance en toi-même.
BÉRÉNICE. Non, non, non!... Si tu ne m'emmènes pas en Californie, je ne sors plus du magasin, et je me couche à huit heures, à l'instar des poules.
MULOT. Eh bien, ça me va, reste à la maison et file de la laine, comme Lucrèce... Dans un an, je te reviendrai, les poches remplies de poudre d'or, et...

SCÈNE VI.

LES MÊMES, COURTENAY, puis DARMENTIÈRE.

COURTENAY, tenant une lettre cachetée. Garçon!... garçon!...
MULOT, courant à lui. Ah! monsieur, vous voilà?... Je suis bien aise de...
COURTENAY. De savoir l'heure de la marée?... Huit heures, monsieur. (Il va pour sortir au fond.)
MULOT. Ah! tiens! j'oubliais le bain de mer de Bérénice!
DARMENTIÈRE, paraissant au fond, à un garçon qui causait avec Courtenay. Ma mère est arrivée?... Au n° 14, dites-vous?...
LE GARÇON. Oui, monsieur. (Il sort. — Darmentière se trouve en face de Courtenay.)
COURTENAY, à part. Le mari! (Ils se saluent froidement, et Courtenay sort.)
DARMENTIÈRE, à part. Une figure que j'ai rencontrée souvent cet hiver...
MULOT, reconnaissant Darmentière. Eh! monsieur Darmentière!
DARMENTIÈRE. Pardon... Je ne me souviens pas...
MULOT. Ah! oui, le fils d'un des anciens correspondants de ma maison... Et votre père?
MULOT. Il est mort, monsieur.
DARMENTIÈRE. Et... vous...
MULOT, vivement. Moi, pas.
DARMENTIÈRE, souriant. Je vous demande l'état de vos affaires.
MULOT. Je suis en train de faire fortune.
DARMENTIÈRE. Vraiment?
MULOT. Je commence demain.
DARMENTIÈRE. Bonne chance!
MULOT. Merci bien, monsieur... Viens, Bérénice. (Ils sortent.)

SCÈNE VII.

DARMENTIÈRE, VALENTINE.

DARMENTIÈRE, indiquant la porte de droite. Le n° 14, ce doit être de ce côté... Mais comment se fait-il que Valentine... (Valentine paraît à droite.) Ah! la voici!... Ne lui disons pas encore que ma mère...
VALENTINE, allant à lui. Enfin!... Avec quelle impatience je vous attendais, mon ami!
DARMENTIÈRE. Vrai?
VALENTINE. Voyons, est-ce raisonnable?... Partir, vous en aller pendant six mois, et ne pas me laisser même le dernier jour, les dernières heures!...
DARMENTIÈRE. J'étais allé visiter le paquebot.
VALENTINE. Le paquebot?... vous avez toute la traversée pour l'examiner à votre aise...
DARMENTIÈRE. Et toi, je n'aurai jamais assez de temps pour te voir, t'embrasser... Tu as raison... Ah! ce voyage, si ce n'était pas pour toi, pour ma fortune!...
VALENTINE, étonnée. Pour ma fortune?
DARMENTIÈRE. Ah! ma foi, j'ai lâché le mot... Oui, un cadeau que je veux te faire, je te ferai, bon gré mal gré... Je suis assez riche, moi... Dans ce siècle industriel, ce siècle de machines et de mécaniques, c'est avec du fer qu'on fait de l'or, et j'ai douze cents ouvriers pour en fabriquer tant que j'en veux... Mais toi, ma Valentine, c'est différent... Ton brave homme de père, un notaire royal, qui s'avise d'être le plus confiant, le plus crédule des hommes, dans une profession où la défiance est un des premiers devoirs!... Aussi, on l'a dupé, dépouillé, volé... c'est tout simple... et qu'as-tu trouvé dans la succession?
VALENTINE, avec fierté. Ce que j'y ai trouvé?... Le souvenir et l'exemple d'une vie honorable, la preuve éclatante des sentiments les plus élevés de délicatesse.
DARMENTIÈRE. Et voilà pourquoi tu as accepté sur-le-champ la succession... et pourquoi je suis fier de toi... et pourquoi je répète à qui veut l'entendre : que ma femme est le plus honnête homme que je connaisse!
VALENTINE, souriant. A la bonne heure!... j'aime mieux ce compliment-là que tous les autres.
DARMENTIÈRE. Mais il n'est pas mal que les honnêtes gens soient riches... ça les encourage et ça contrarie les coquins... Aussi, quand on est venu me dire : L'Amérique du Sud veut avoir ses chemins de fer, venez fonder au Brésil une usine pareille à la vôtre, le gouvernement de ce pays vous offre douze cent mille francs. — Douze cent mille francs!... ai-je répondu... ma foi, je les prends... non pour moi, pardieu ! mais pour elle... pour toi... (Mouvement de Valentine.) Oh! pas un mot... je veux que tu aies une fortune à toi, indépendante... ce sera ton épingle de toilette... et de charité... Dans six mois, je te rapporterai un beau million en belles piastres du Brésil... et le reste, les deux cent mille francs... (S'arrêtant.) Ah! le reste, c'est une part que je réserve, qui a sa destination particulière... ça, c'est mon secret, qu'il ne faut pas me demander.
VALENTINE. Pour moi, avez-vous dit?... pour moi!... Oh! maintenant vous ne partirez plus!... maintenant que je sais tout, que je connais le but de votre voyage...

DARMENTIÈRE. Maintenant, tu vois que je serai inébranlable... D'ailleurs, je suis déjà en route, et je ressemble un peu à mes mécaniques, moi... le plus difficile, c'est la mise en train ; après, ça va tout seul... Je pars donc aujourd'hui, et dans six mois...

VALENTINE, un peu boudeuse. Six mois !... comment donc !... cela passe si vite !... on peut bien laisser sa femme seule pendant six mois...

DARMENTIÈRE. Oh ! non, pas seule.

VALENTINE. Comment ?...

DARMENTIÈRE. Ce n'est pas à ton âge, Valentine, qu'il conviendrait de vivre isolée... Non, je laisserai près de toi une compagne et une amie, qui habitera comme toi notre usine.

VALENTINE. Et cette compagne, quelle est-elle ?

DARMENTIÈRE, voyant sa mère, qui vient d'entrer. Ah !... (A Valentine.) Tiens, la voici, regarde... (Courant se jeter dans les bras de madame Darmentière.) Ma bonne mère !

MADAME DARMENTIÈRE. Mon cher Maurice !

SCÈNE VIII.

DARMENTIÈRE, VALENTINE, MADAME DARMENTIÈRE.

DARMENTIÈRE. Eh bien, et toi... tu n'embrasses pas maman ?

VALENTINE, avec contrainte. Si fait, mon ami, j'attendais...

MADAME DARMENTIÈRE, froidement. Ma bru...

VALENTINE, lui présentant son front. Madame...

DARMENTIÈRE. Madame ?... ma bru ?... et un froid baiser sur le front ?... Oh ! il faut laisser ces façons cérémonieuses aux grandes familles, s'il y en a encore... nous ne sommes que des bourgeois, que diable !... la mère d'un mécanicien et la fille d'un notaire s'embrassent autrement que cela... (Les rapprochant.) Allons donc !...

MADAME DARMENTIÈRE, embrassant Valentine, et bas. Pour lui, au moins !

DARMENTIÈRE. A la bonne heure !

MADAME DARMENTIÈRE, retournant à son fils. Cher enfant !

DARMENTIÈRE. Bonne mère, va !... j'étais sûr que tu viendrais !... (A Valentine.) Et tu ne la remercies pas ?... c'est vrai que je ne t'ai encore rien dit... Apprends que ma mère a quitté son petit hôtel du Marais, ses vieilles habitudes, tout, pour accourir près de toi, à Louviers, et ne plus te quitter jusqu'à mon retour en France.

VALENTINE. Ah !

MADAME DARMENTIÈRE. Tu le désirais, cher enfant, et, de ces vieilles habitudes dont tu parles, la plus vieille est de vouloir ce que tu veux... Me voilà donc, ma bru, et pendant six mois, votre tutrice, votre chaperon.

DARMENTIÈRE. Non pas... une compagne et une amie... Aussi, je pars tranquille... et, puisque je vous laisse réunies, je vais faire mes préparatifs de voyage.

VALENTINE. Déjà !

DARMENTIÈRE. Et toi, songe à tes apprêts de toilette.

VALENTINE. Non, mon ami, non... vous n'exigerez pas...

MADAME D'ARMENTIÈRE. Quoi donc ?

DARMENTIÈRE. Oh ! c'est chose convenue... je t'ai arraché une promesse et j'y tiens... Tu ne quittes le Havre que demain, et je veux, j'entends que tu assistes ce soir à la fête de Frascati.

MADAME D'ARMENTIÈRE. Ah ! oui, une fête... j'en ai entendu parler.

VALENTINE. Dites-lui donc, madame, que je ne peux...

DARMENTIÈRE. Je n'écoute rien... Tu voudrais te renfermer, n'est-ce pas, pendant qu'on dansera dans le salon !... Mais tu aurais l'air d'une veuve, portant mon deuil... Diable ! ce serait de mauvais augure... Non, non... j'admets l'affection qui s'amuse et la tendresse qui danse... Tu m'as promis d'aller au bal, et je ne t'en tiens pas quitte... Allons, mère, parle-lui raison, dis-lui qu'une femme douce, bonne, qui aime bien son mari, doit aller au bal... Je vous laisse, à bientôt ! (Il sort à droite.)

SCÈNE IX.

MADAME DARMENTIÈRE, VALENTINE.

VALENTINE, après un moment de silence. Ainsi, madame, et c'est vous-même qui l'avez dit... me voilà mise en tutelle ?

MADAME DARMENTIÈRE, souriant. Si le mot seul vous effarouche, ma chère pupille, il est encore temps de vous soustraire à la chose... Dites à mon fils...

VALENTINE. Non, madame... Depuis cinq ans que j'ai l'honneur de porter le nom de votre fils... du meilleur, du plus noble des hommes... toutes ses volontés ont été sacrées pour moi... Aujourd'hui, et alors même que ses ordres me blessent, à son insu, je les respecte et m'y soumets.

MADAME DARMENTIÈRE. Ceci est bien, ma bru... Vous respectez, vous aimez le fils, la mère vous tient quitte.

VALENTINE. Et de quoi, madame ?

MADAME DARMENTIÈRE, s'asseyant à droite. Oh ! mon Dieu, ces pauvres belles-mères, leur compte est réglé d'avance, et, en ce qui me concerne, il est juste... Je me suis opposée à votre mariage...

VALENTINE. Oh ! je ne l'ai pas oublié.

MADAME DARMENTIÈRE. N'oubliez pas davantage quels étaient mes motifs pour agir de la sorte... Une famille honorable, une belle jeune fille, un cœur haut placé, tout cela était bien séduisant... mais...

VALENTINE, souriant. Mais ?...

MADAME DARMENTIÈRE, mesurant ses mots. J'avais causé longuement avec cette jeune fille... et j'avais trouvé chez elle une assurance, une confiance en elle-même... qui, je l'avoue, me faisait peur.

VALENTINE. Et vos frayeurs ont été justifiées, madame ?

MADAME DARMENTIÈRE. Oh ! n'allez pas au delà de ma pensée, ma bru... Les sentiments élevés, les principes d'honneur que vous a transmis votre digne père, mon vieil ami, je les reconnais et les proclame... Mais je voudrais que vous en fussiez moins fière... je voudrais que vous n'eussiez pas... (Appuyant.) l'orgueil de votre vertu.

VALENTINE, souriant. L'orgueil de ma vertu ?... Oui, en effet, c'est cela que vous m'avez toujours reproché.

MADAME DARMENTIÈRE. Un peu plus d'humilité me rassurerait davantage... Nous sommes toutes faibles, ma chère bru, et ce qui nous sauve, ce qui fait notre force, c'est le sentiment et la conscience de notre faiblesse... (Se levant.) Celles qui ne croient pas au péril s'y exposent sans crainte, et qui s'y expose succombe souvent... J'ai traversé dignement trente années de mariage... Était-ce donc stoïcisme ?... Mon Dieu ! non... c'était tout bonnement prudence... J'ai vu parfois le danger, mais la peur m'a prise, et je me suis sauvée... Ce n'était pas brave, mais la lâcheté fait partie du mérite des femmes... Croyez-moi, ma bru, et prenez-y garde ! ou l'orgueil de la vertu vous perdra.

VALENTINE. Allons, voilà la poltronnerie érigée en principe... Comment donc !... mais, à la première fadeur qu'on m'adressera, je vais courir m'enfermer à double tour... Agnès devra désormais se passer de Sganarelle, et Rosine remplira elle-même les fonctions de Bartholo... C'est une économie de tuteurs... Voyons, madame, est-ce sérieusement que vous parlez ainsi, et votre effroi est-il bien sincère ? (Avec une emphase comique.) Oh ! certes, nous ne remontons au temps de la chevalerie... alors que des hommes d'une autre taille que ceux de notre petite génération s'en allaient se faire tuer pour un regard de leur dame... je dirais avec vous que des femmes ainsi aimées devaient douter d'elles-mêmes et avoir cruellement peur... (Avec dédain.) Mais, dans ce siècle où le grand mérite consiste à porter une grande fortune, dans ce siècle de l'habit noir, du chapeau rond et du trois pour cent, les héros sont rares, ma chère belle-mère, et la vertu peut dormir en paix... Orgueilleuse de ma vertu !... Regardez donc ces messieurs, madame, et vous conviendrez avec moi qu'il n'y a pas de quoi.

MADAME DARMENTIÈRE. Je les regarde, ma chère, et je ne les trouve pas si fort à dédaigner... J'en vois de laids, mais il y en a de beaux... Il y a des financiers, mais il y a des hommes d'esprit... Au demeurant, ma bru, ils sont ce qu'ils ont été dans tous les temps, cherchant par-dessus tout à plaire aux femmes... Vous accusez ces messieurs de tout sacrifier à l'argent ?... c'est peut-être que, de nos jours, les femmes ont tout mis à ce prix... Jadis elles donnaient leur cœur au plus vaillant chevalier, et c'était, parmi les hommes, à qui les plus belles armures, les plus glorieux hauts faits... Plus tard, nous nous sommes engouées de galanterie ; les hommes ont quitté la cuirasse et la lance pour se couvrir de paillettes, de parfums et de dentelles... et si, maintenant, ils se font agents de change, c'est qu'aujourd'hui les femmes font des reports et qu'elles ont un coupon de rente pour cœur.

VALENTINE. Sont-elles toutes ainsi, madame ?

MADAME DARMENTIÈRE. Non... il y a des exceptions... vous, par exemple... Mais, alors, on fait ce qu'on peut... on se donne un rôle qu'on joue le mieux possible... et, tenez, quelque chose qui réussit presque toujours, c'est le mystère, le silence... ce charme de l'inconnu qui fait tant rêver... c'est un grand monsieur qu'on rencontre partout, qui ne dit rien, qui se tient appuyé contre la cheminée et vous poursuit, de loin, d'un regard mélancolique... Vous n'avez jamais rencontré de ces messieurs-là, ma bru ?

VALENTINE. Moi, madame !

MADAME DARMENTIÈRE. C'est que vous n'y aurez pas fait attention... car il y en a un de ce genre-là dans notre clientèle... Mais vous l'avez remarqué, j'en suis sûre.

VALENTINE, un peu troublée. Où donc, madame?... où l'ai-je vu, rencontré?... à Paris?...
MADAME DARMENTIÈRE. A Paris, au Havre, partout où vous allez...
VALENTINE, vivement. Au Havre!
MADAME DARMENTIÈRE. Mais certainement... Il est arrivé ce matin, en même temps que moi.
VALENTINE, très-troublée. Ici !... (Se remettant et se levant.) Mais vous devez compléter le signalement, en me disant le nom de...
MADAME DARMENTIÈRE. Le nom ?... Ah! cela, je l'ignore... et vous aussi, sans doute... Mais nous pouvons le lui demander... car le voici sur cette terrasse.
VALENTINE, à part. C'est bien ce jeune homme!
MADAME DARMENTIÈRE. Ah! il m'a reconnue... il me salue... Car nous avons déjà fait connaissance nous deux. (Tirant sa montre.) Combien lui donnez-vous de temps pour entrer dans ce salon?... une minute?... non, ma foi, il ne lui en fallait pas tant... Tenez!...

SCÈNE X.

LES MÊMES, COURTENAY, un bouquet à la main.

COURTENAY, allant à madame Darmentière. Daignerez-vous, madame, me permettre de vous offrir...
MADAME DARMENTIÈRE. Ce magnifique bouquet?... à moi?... Vous avez mal mis l'adresse, monsieur... (A Valentine.) N'est-ce pas?
COURTENAY, à Valentine. Oh ! mille pardons !... je n'avais pas eu l'honneur de voir...
MADAME DARMENTIÈRE, appuyant. Madame Darmentière jeune, ma bru.
COURTENAY. Oh! il m'a été facile de reconnaître madame, que j'ai eu la bonne fortune de rencontrer...
MADAME DARMENTIÈRE. L'hiver dernier, dans tous les bals... Ah çà! mais je ne peux pas garder ces belles fleurs dans mes mains... le contraste est trop choquant.
COURTENAY. Ah ! madame...
MADAME DARMENTIÈRE. Ah! ce n'était peut-être pas pour moi?
COURTENAY. Offert par moi, le bouquet aurait pu être refusé... mais, passant par vos mains, madame, ces pauvres fleurs méritent peut-être un meilleur accueil.
MADAME DARMENTIÈRE, donnant à Valentine le bouquet. Allons! puisqu'il est sanctifié, au dire de monsieur...

SCÈNE XI.

LES MÊMES, LE MAITRE DE L'HOTEL.

LE MAITRE DE L'HOTEL, entrant à droite un registre sous le bras, et parlant à la cantonade. Je vous remercie, monsieur; désolé de vous avoir dérangé pour si peu de chose... (Il va sortir et aperçoit Courtenay.) Ah! monsieur, j'allais chez vous.
COURTENAY. Chez moi?
LE MAITRE DE L'HOTEL. Pour une formalité à laquelle nous sommes astreints... et, si ces dames voulaient bien le permettre...
COURTENAY. Ah ! le registre des voyageurs... mon nom, n'est-ce pas?... Ecrivez.
MADAME DARMENTIÈRE, bas, à Valentine. Ah! l'inconnu va donc enfin se faire connaître!
COURTENAY. Georges Courtenay...
MADAME DARMENTIÈRE, à part, très-vivement. Courtenay!
COURTENAY. Rentier.
LE MAITRE DE L'HOTEL. Merci, monsieur. (Il se retire.)
MADAME DARMENTIÈRE, à part, en passant à droite. Georges Courtenay!
COURTENAY, à Valentine. Vos bontés m'encouragent, madame, et j'ose espérer que vous daignerez, au bal qui va s'ouvrir, m'accepter pour cavalier.
VALENTINE, s'inclinant. Monsieur...
COURTENAY. Je vous rends mille grâces, madame. (Il salue profondément et sort.)

SCÈNE XII.

MADAME DARMENTIÈRE, VALENTINE.

MADAME DARMENTIÈRE. Georges Courtenay !
VALENTINE, voulant se retirer. Pardon, madame !
MADAME DARMENTIÈRE, la retenant par la main. Oh ! encore un mot, de grâce !...
VALENTINE, riant. Pour me conseiller encore la prudence et la fuite?
MADAME DARMENTIÈRE, d'un air de triomphe. Au contraire, ma bru... pour vous prier d'oublier tous mes conseils de ton à l'heure...
VALENTINE. Comment?...
MADAME DARMENTIÈRE. Ah! vous aviez raison de rire... toutes mes terreurs étaient insensées... et votre vertu, comme vous disiez, peut dormir en paix.
VALENTINE. Quel changement!
MADAME DARMENTIÈRE. Ah! tenez, cet homme qui sort d'ici... jeune, riche, beau... amoureux peut-être... cet homme n'est pas dangereux.
VALENTINE. Vous êtes bien bonne de me rassurer.
MADAME DARMENTIÈRE, avec force. Car cet homme est vil et infâme!... Car la fortune, dont il jouit insolemment... est une fortune volée!
VALENTINE, avec terreur. Volée!
MADAME DARMENTIÈRE. Oh ! c'est une histoire que je vous raconterais mal... mais qu'il savait bien, votre digne père qui est dans la tombe... et que Maurice, mon fils, vous dirait mieux que moi...
VALENTINE. Volée?
MADAME DARMENTIÈRE. Oui, volée !... Car cette fortune... deux millions... était un dépôt remis aux mains de Godefroy Courtenay, père de celui-ci... car ce Godefroy Courtenay a dérobé, anéanti l'acte qui en assurait la propriété... et où s'était-il emparé de cet acte?... dans l'étude de votre père, madame, qui s'était imprudemment confié à ce misérable !... (Mouvement de Valentine. Elle laisse tomber son bouquet près du canapé.) Et savez-vous quelles ont été les suites terribles de cette faute et de ce crime?... L'homme qu'on avait dépouillé s'est tué... tué, en présence de son fils, un enfant de quatre ans !... et, quelques mois après, votre père en mourait de chagrin !
VALENTINE, se laissant tomber sur le canapé. Mon père!
MADAME DARMENTIÈRE. Eh bien, est-ce une fortune volée, cela?... répondez... Oui, oui, deux fois volée : par le père, qui s'emparait frauduleusement d'un contrat, et par le fils qui n'a pas répudié cet ignoble héritage !
VALENTINE, au comble de l'indignation. Ah! oui... oui, c'est infâme !... Pour de l'or, mon Dieu, accepter la honte, l'ignominie !... avoir la jeunesse, la force, l'intelligence, et ne pas savoir être pauvre !... n'avoir pas rejeté dans la boue cet argent qui en sortait, pour livrer noblement au travail des mains sans souillures et sans taches !... Ah ! le malheureux ! le malheureux !
MADAME DARMENTIÈRE, à part. Elle l'aimait !... (Haut.) Mon Dieu, Valentine, vous m'étonnez... Ceux qui entendent cette mystérieuse histoire ne s'émeuvent pas de la sorte... ils se contentent de détourner les yeux avec dégoût d'un pareil personnage... Il vous est étranger, cet homme, vous le connaissez à peine, et vous dépensez là une colère qui pourrait être mieux placée.
VALENTINE, se levant, blessée. Que voulez-vous dire, madame, et que supposez-vous donc?... Je suis indignée, cela est vrai, mais parce que le nom de mon père se trouve mêlé à cet effroyable récit... parce qu'on a surpris sa confiance, sa bonne foi... (Pleurant.) parce qu'on a abrégé ses jours !... Que m'importe le reste?... et cet homme, et son père, à lui?... est-ce que je le connais?... est-ce que je vous en parle?... Ah ! tenez, madame, je ne sais quels bienfaits je retirerai de votre tutelle, mais elle ne promet pas de m'épargner les offenses ! (Elle sort.)

SCÈNE XIII.

MADAME DARMENTIÈRE, puis MULOT et BÉRÉNICE, puis COURTENAY, Invités.

MADAME DARMENTIÈRE. Elle l'aimait !... Mais que grâces soient rendues à Dieu !... L'orgueil l'aurait perdue... c'est l'orgueil qui la sauvera! (Mulot et Bérénice entrent.)
MULOT. Voilà l'instant du départ!... l'Oncle-Tom et les quatre cent cinquante Alsaciens m'attendent!
BÉRÉNICE, pleurant. Adieu, Mulot!
MULOT. Adieu, ma Béré... (On entend un air de polka, exécuté dans un salon voisin.) Ah! une polka !... c'est la dernière que j'entendrai... Comme c'est enivrant !... (Il danse malgré lui en parlant.) Comme c'est entraînant !... Adieu, Rénice, adieu !
BÉRÉNICE. Comment! tu as le cœur de danser, en te séparant de moi?
MULOT, dansant. C'est le chagrin, Rénice, c'est le chagrin... Laisse-moi t'inviter pour la dernière, veux-tu?...
BÉRÉNICE, tirant sa montre. Mais ton navire ?... mon chemin de fer?... nous n'avons plus que trente-cinq minutes !...
MULOT. Oh! quelle musique !... Entends-tu le piston ?... Je n'en trouverai pas, de piston, en Californie !... Ils ne connaissent pas le cuivre, dans ce pays-là... ils n'ont que de l'or, les malheureux !

BÉRÉNICE. Plus que trente-trois minutes!... partons!... mais vous arriverez trop tard.

MULOT. Je vais te mettre dans l'omnibus du chemin de fer et gagner l'*Oncle-Tom*... Adieu, Bérénice... Adieu, adieu, piston et polka! (Il sort en dansant avec Bérénice.)

SCÈNE XIV.

LES MÊMES, moins MULOT et BÉRÉNICE, puis VALENTINE.

COURTENAY, qui est entré depuis un instant, apercevant et ramassant le bouquet. Mon bouquet!... froissé, jeté à terre!... Il faut que je sache... Mais où donc est-elle?... (Valentine reparaît.) La voici!... (Voyant qu'elle se dirige vers le canapé, il y dépose le bouquet et s'éloigne, sans la perdre de vue. Valentine, au moment de s'asseoir, voit le bouquet, et aperçoit en même temps Courtenay. Plusieurs personnes viennent saluer Valentine, et une dame se place à côté d'elle.)

COURTENAY, à part. Quel étrange regard!

VALENTINE, à la dame qui lui parlait. Et votre fils, madame?

LA DAME. Fernand?... il est ici... Eh! tenez, il parle à ce jeune homme, là-bas... (Elle montre un jeune homme qui cause avec Courtenay.)

VALENTINE. Ah! vous connaissez...

LA DAME. M. Courtenay... une grande fortune... dépensée noblement, dit-on... (Valentine prend machinalement le bouquet.)

COURTENAY, à part. Elle l'a pris!... (Respirant.) Ah! je m'étais trompé.

LA DAME. Mais je veux que vous félicitiez mon fils, madame... il vient d'être nommé enseigne de vaisseau.

MADAME DARMENTIÈRE, assise près d'elle. Vraiment?

LA DAME, appelant. Fernand!

FERNAND. Ma mère?

VALENTINE. Recevez mes compliments, monsieur Fernand.

LE JEUNE HOMME. Une belle récompense à y joindre, madame, ce serait de m'accepter pour...

COURTENAY, s'approchant. Ah! pardon, mon cher Fernand... je suis le premier en date, et je réclame la promesse de madame.

VALENTINE, après un effort sur elle-même. Monsieur Fernand, je ne danserai pas... Je suis souffrante.

LE JEUNE HOMME. Permettez-moi, du moins, de vous tenir compagnie avec ma... (Un cercle se forme.)

MADAME DARMENTIÈRE. Enseigne de vaisseau!... à votre âge!... c'est superbe, cela... Voilà pourtant un futur amiral...

LA DAME. Je ne sache pas de plus belle carrière pour un jeune homme... J'ignore si la fortune est au bout...

MADAME DARMENTIÈRE. La fortune?... Eh! qu'importe, madame?... Les épaulettes que M. Fernand porte déjà, et la croix qu'il portera un jour, cela vaut bien... (Avec dédain.) de l'argent.

COURTENAY, gaiement. Ah! madame, ne parlez pas si mal de l'argent... par égard pour les pauvres diables qui n'ont que cela...

FERNAND, riant. Vous plaidez pour eux, Courtenay?

COURTENAY. Certainement... Oh! je ne suis pas de ces millionnaires qui se plaignent des misères de l'opulence, ou de ceux qui dissimulent le chiffre de leurs biens et qui semblent en demander pardon comme d'un tort fait au prochain... Plus franc qu'eux tous, je dis naïvement que je suis riche, et que je suis heureux d'être riche.

VALENTINE, à part, se contenant à peine. Quelle impudence!

MADAME DARMENTIÈRE, à part. Ah! le malheureux! il se brûle!

COURTENAY. Est-ce amour de l'or ou jouissance étroite et mesquine de la propriété?... Non pas, il donc!... C'est le plaisir dont je dispose à mon gré; ce sont les joies que je répands autour de moi, ce sont les amitiés qui me viennent et que je fête... c'est la vie douce, facile, élégante, belle, enfin!... et je ne vois pas pourquoi on s'excuserait d'être riche plus que d'être heureux, puisque, en fin de compte, c'est la même chose.

LA DAME, à Valentine, très-agitée. Vous souffrez, madame?

VALENTINE, tressaillant. Moi?... Non, vraiment.

FERNAND. Ce sont peut-être les fleurs de ce bouquet?...

VALENTINE. Oui, en effet, ce sont ces fleurs... qui m'ont fait mal... (On veut lui retirer le bouquet.) Non, laissez... (Le regardant.) Elles sont pourtant bien belles, ces fleurs... et bien rares... il a fallu une grande persistance et des dépenses folles, pour forcer de pauvres plantes des tropiques à s'épanouir sous le souffle glacé de nos hivers... Ce bouquet a dû coûter bien cher, n'est-ce pas, madame?... Eh bien, la vue de ces fleurs me fait mal... car, sous ces fleurs, il y a toute une insulte infligée à la femme dont elles brûlent les doigts! (Mouvement général. Courtenay la regarde avec surprise.)

MADAME DARMENTIÈRE, bas. Valentine!...

VALENTINE, continuant. Car l'or qui a servi à les payer, je sais d'où il vient... je sais qu'il est le produit du vol! (Tous font un mouvement.) Oh! c'est là une histoire déjà vieille de plusieurs années, et la mort a passé sur tout cela... Le voleur n'est plus là, il est vrai... mais il reste encore le receleur, plus lâche et plus infâme peut-être!... Et ce n'est pas tout!... Comme les crimes s'enchaînent, celui qui avait volé deux millions a assassiné deux hommes!... l'un, c'était la victime qu'on avait dépouillée... l'autre, c'était mon père, messieurs!... (Jetant avec horreur le bouquet.) Il y a du sang sur ces fleurs!

COURTENAY, d'une voix brisée. Madame!...

VALENTINE, impétueusement. Je ne vous parle pas, monsieur!

COURTENAY, très-ému. Si fait, madame,... c'est à moi, à moi seul ici que vous avez parlé... (Émotion générale. Continuant, avec une résignation douloureuse.) Mais, de tout ce que vous venez de dire, madame... je vous remercie... et je me souviendrai...

VALENTINE, retombant sur le canapé, étonnée et presque épouvantée de la résignation de Courtenay. Qu'ai-je fait?

SCÈNE XV.

LES MÊMES, DARMENTIÈRE.

DARMENTIÈRE, entrant. L'heure de départ est arrivée...

TOUS. M. Darmentière!

VALENTINE. Mon mari!

MADAME DARMENTIÈRE. Mon fils! (A sa vue, tous demeurent immobiles. — Courtenay fait un mouvement, comme pour s'élancer vers lui. — Il est retenu par Fernand, qui lui serre le bras.)

DARMENTIÈRE, frappé du trouble général. D'où vient cet étonnement?... Est-ce que, par hasard, on me croyait déjà parti!... Comment! je me serais mis en route pour un si long voyage sans dire adieu à ma mère et à ma femme?... Vous m'attendiez l'une et l'autre, n'est-ce pas?...

VALENTINE, tremblante. Nous?... Oui...

MADAME DARMENTIÈRE. Oui, mon ami. (Elle regarde Courtenay avec anxiété.)

LE JEUNE HOMME, bas, le retenant. Courtenay!

COURTENAY, se maîtrisant, à part. Non!... je ne me battrai pas avec lui.. C'est une autre vengeance qu'il me faut... et je l'aurai, madame, je l'aurai!

DARMENTIÈRE, à sa mère et à sa femme, qui veulent le retenir. Non, ma mère, c'est impossible... Deux bâtiments ont déjà mis à la voile; dans quelques minutes, celui qui va m'emporter s'éloignera du port... Adieu, ma bonne mère... adieu, ma Valentine... Puissé-je, à mon retour, te trouver aussi belle et aussi heureuse qu'à mon départ! (Darmentière remonte avec sa mère et Valentine.)

MULOT, accourant et tombant, essoufflé, sur une chaise, à droite. J'ai manqué l'*Oncle Tom*!... mes quatre cent cinquante Alsaciens sont partis sans moi!

ACTE DEUXIÈME.

Petit salon chez Darmentière : à droite, deuxième plan, une cheminée garnie; à gauche, premier plan, une fenêtre avec rideaux blancs ; portes au deuxième plan, porte au fond; à gauche, un fauteuil ; d'autres sièges, au fond ; à droite, une table garnie et deux sièges.

SCÈNE PREMIÈRE.

LOUIS, PLUSIEURS OUVRIERS.

LOUIS. Venez, mes amis, venez... (Ils entrent tous du fond.) C'est M. Renaud, le premier commis, qui m'a donné l'ordre de vous conduire ici et d'y attendre madame Darmentière, qui désire vous parler.

TOUS. Ah!

PREMIER OUVRIER. Qu'est-ce qu'elle peut avoir à nous dire?...

LOUIS. Nous le saurons bientôt, car la voici.

SCÈNE II.

LES MÊMES, VALENTINE.

(Tous les ouvriers la saluent.)

LOUIS. Nous nous sommes rendus à vos ordres, madame.

VALENTINE. C'est au nom de mon mari que je désire vous parler, messieurs... J'ai une proposition à vous faire de sa part.

TOUS. Une proposition?...

VALENTINE. L'œuvre que M. Darmentière est allé accomplir au Brésil est des plus importantes... mais il lui faut, pour le

seconder, quelques hommes habiles et de grande expérience... Ces hommes doivent être choisis parmi ses meilleurs ouvriers : c'est sur vous que devait tomber ce choix !... Il vous sera fait de grands avantages, si vous consentez à partir.
LOUIS. Madame, je crois pouvoir vous répondre, au nom de ces braves ouvriers aussi bien qu'au mien, que nous acceptons tous.
VALENTINE. Mais vous ne partez pas, vous, monsieur Louis.
LOUIS. Cependant, madame, je croyais...
VALENTINE. C'est le premier commis qui conduira ces messieurs au Brésil... Je vais vous dire tout à l'heure pourquoi je vous ai fait appeler... Je vous reverrai, messieurs, avant votre départ. (Les ouvriers sortent.)

SCÈNE III.

VALENTINE, LOUIS.

LOUIS. Ainsi, madame, je reste?
VALENTINE. Oui, monsieur Louis, vous restez... et, comme le départ de M. Renaud laisse une place vacante à la tête de l'usine, c'est vous que mon mari a choisi pour la remplir.
LOUIS. Comment !... moi, premier commis ?... moi, chef de votre maison ?... Oh! non... Mais en quoi ai-je mérité cette nouvelle preuve de confiance ?... D'où me vient cette incessante bonté qui me protége depuis mon enfance ?... J'étais orphelin, et M. Darmentière a remplacé le père que j'avais perdu... Il m'a fait élever comme son propre fils... Plus tard, il m'a placé dans cette usine, où mon avancement, déjà si rapide, vient de dépasser toutes mes espérances !
VALENTINE. Votre reconnaissance, l'affection vive et sincère que vous portez à mon mari, suffiraient à expliquer son choix, si votre mérite, votre activité, votre travail ne l'avaient dès longtemps justifié... Et, puisqu'il est question de l'usine, il faut que nous causions d'une affaire qui m'intéresse...
LOUIS. Je suis à vos ordres, madame.
VALENTINE, assise. Depuis le départ de M. Darmentière, l'idée nous était venue, à M. Renaud et à moi, qu'il serait bon d'agrandir les ateliers de la fonderie... et, pour cela, d'acheter une partie des terrains qui bordent l'usine... Ces terrains appartiennent, je crois, à monsieur... (Cherchant.) monsieur...
LOUIS. M. Courtenay.
VALENTINE. Ah! c'est M. Courtenay qu'il se nomme ?...
LOUIS. C'est, du moins, lui qui en était le propriétaire il y a quelques jours encore.
VALENTINE, étonnée. Est-ce qu'il ne l'est plus?
LOUIS. Non, madame... le château, la ferme, tout a été vendu récemment, et c'est aujourd'hui même que s'est installé le nouvel acquéreur.
VALENTINE, à elle-même. C'est étrange... (A Louis.) Sait-on le nom de cette personne?
LOUIS. Non, madame.
VALENTINE. Sait-on pourquoi M. Courtenay s'est aussi subitement défait de sa propriété?
LOUIS. Tout le monde l'ignore.
VALENTINE, se levant et changeant de ton. L'agrandissement de l'usine serait une mesure très-utile... Ne le pensez-vous pas, monsieur Louis?
LOUIS. Je le pense ainsi que vous, madame.
VALENTINE. Il faudrait voir ce nouvel acquéreur... lui parler... Je lui parlerai moi-même... Veuillez le faire prier de passer ici... bientôt... aujourd'hui... Oui, je le recevrai aujourd'hui même.
LOUIS. Je vais envoyer chez lui, madame...
VALENTINE, debout. C'est bien... Je l'attends. (Louis sort.)

SCÈNE IV.

VALENTINE, seul. Pourquoi, depuis ce bal du Havre, le souvenir de M. Courtenay est-il sans cesse présent à mon esprit?... D'où vient que cet homme, auquel je pensais à peine lorsque je pouvais le croire digne de mon estime, me préoccupe à ce point, aujourd'hui que je l'ai accablé de dédains et de mépris?... Comme il a courbé la tête sous l'injure que je lui ai faite!... Il ne s'est pas révolté contre l'insulte qui devait exciter sa colère... Je suis orgueilleuse, et je m'attendais à une lutte entre son orgueil et le mien... Rien de tout cela n'a eu lieu... Il s'est humilié, au contraire, et je n'ai plus entendu parler de lui, que pour apprendre qu'il avait vendu cette propriété voisine de la nôtre... Qu'est-il devenu ?... Est-il mort ?... s'est-il expatrié ?... A quelle extrémité la honte a-t-elle pu l'entraîner ?... Car je l'ai publiquement outragé... Oh! ce n'est pas seulement un souvenir!... c'est... comme un remords qui me poursuit!...

SCÈNE V.

VALENTINE, BÉRÉNICE.

BÉRÉNICE. Madame est seule?
VALENTINE. Que me voulez-vous, Bérénice?
BÉRÉNICE. Je viens remercier madame de ce qu'elle a bien voulu me prendre à son service, et lui dire que je suis tout à fait installée.
VALENTINE. C'est bien... J'espère que vous serez heureuse ici.
BÉRÉNICE. Je le suis déjà... Ah! c'est un fier service que madame m'a rendu, en m'acceptant pour femme de chambre, moi, qu'elle ne connaissait que par cette réparation de chapeau que je lui ai faite il y a quelque temps au Havre.
VALENTINE. Un service, dites-vous?
BÉRÉNICE. Oui, madame, vous m'avez sauvée de bien des grands dangers !...
VALENTINE. Comment ?...
BÉRÉNICE. J'ai un futur, madame, un futur que j'aime, que j'adore, et à qui je voudrais bien rester fidèle !
VALENTINE. Et qui peut vous en empêcher?
BÉRÉNICE. Qui?... Mais madame ne sait donc pas qu'il y a deux cent cinquante mille jeunes gens à Paris?
VALENTINE. Eh bien?
BÉRÉNICE. Eh bien... deux cent cinquante mille jeunes gens, ça fait deux cent cinquante mille dangers pour une jeune fille!
VALENTINE. Mais vous n'êtes donc pas sûre de vous?
BÉRÉNICE. De moi ?... Pas le moins du monde, madame!
VALENTINE. En vérité?
BÉRÉNICE. Mais ici, je me rassure... J'ai bien moins peur que dans le magasin de modes où j'étais... Je croyais, en entrant dans les modes, qu'on n'avait affaire qu'à des dames, et c'est étonnant le nombre de messieurs qui viennent commander des chapeaux !... et toujours pour leur mère ou pour leurs sœurs!... Ah! les jeunes gens d'aujourd'hui sont de bien bons frères et de bien bons fils !
VALENTINE. Alors, pourquoi les craignez-vous?
BÉRÉNICE. C'est qu'ils sont toujours célibataires.
VALENTINE. Qu'importe, si vous aimez votre fiancé?
BÉRÉNICE. Je l'aime beaucoup, madame, mais il est à trois mille six cents lieues d'ici... et une fidélité de trois mille six cents lieues de long... c'est bien fragile, ça, madame!
VALENTINE. Vous croyez?
BÉRÉNICE. On finit par oublier un peu ceux qu'on ne voit pas du tout.
VALENTINE. Oui, quand on ne se souvient pas de ses devoirs, de sa propre dignité.
BÉRÉNICE. La dignité... les devoirs... certainement, c'est très-fort... mais c'est si faible, une femme!
VALENTINE. Parlez pour vous, mademoiselle.
BÉRÉNICE. C'est justement pour moi que je parle... je me méfie de moi... et c'est peut-être bien heureux !
VALENTINE. Pourquoi?
BÉRÉNICE. Parce que, dès que je vois le plus petit péril... qu'il soit jeune, qu'il soit brun, qu'il soit blond... je me dis : la couleur n'y fait rien, c'est un danger... et je m'enfuis!
VALENTINE, se levant et souriant. Du courage, mademoiselle!
BÉRÉNICE. Pas du tout !... je n'en veux pas!
VALENTINE. Pourquoi?
BÉRÉNICE. Parce qu'avec du courage, on s'expose... tandis qu'avec de la peur... on se sauve... et c'est plus sûr!
VALENTINE. Soit... gardez votre peur... Je vais répondre à mon mari... Restez ici... vous ferez porter ma lettre... (Elle sort.)
BÉRÉNICE. Oui, madame.

SCÈNE VI.

BÉRÉNICE, puis LOUIS.

BÉRÉNICE. C'est drôle, qu'elle soit si forte, si sûre d'elle-même... Elle a pourtant son mari bien loin d'ici... Après ça, à la campagne, loin du monde, c'est rassurant... Bah !... je crois que je ferais bien de me rassurer comme elle !
LOUIS. Madame Darmentière n'est plus ici?
BÉRÉNICE, le regardant. Ah! mon Dieu !
LOUIS. Qu'est-ce donc?
BÉRÉNICE, à part. Un petit danger !... un brun !... Voilà la peur qui me reprend !
LOUIS. C'est moi qui vous effraye?
BÉRÉNICE. Oui, monsieur... Je vous reconnais... Vous me reconnaissez aussi, n'est-ce pas?
LOUIS. Non.
BÉRÉNICE. Vous demeuriez à Paris, rue Saint-Honoré?

LOUIS. En effet.
BÉRÉNICE. En face d'un magasin de modes?...
LOUIS. C'est vrai.
BÉRÉNICE. Mon magasin... je suis la petite blonde du comptoir à gauche... Ah! je suis bien sûre que vous me reconnaissez, à présent.
LOUIS. Pardonnez-moi, mademoiselle, mais je ne vous avais jamais remarquée.
BÉRÉNICE. Vraiment?... Ah! l'honnête petit jeune homme!... Est-ce que vous êtes employé ici?
LOUIS. Oui, mademoiselle.
BÉRÉNICE. Alors, j'ai un grand service à vous demander.
LOUIS. Parlez!
BÉRÉNICE. Promettez-moi de ne me faire jamais la cour.
LOUIS, souriant. Je vous le promets.
BÉRÉNICE. Bien vrai?
LOUIS. Je vous le jure même.
BÉRÉNICE, respirant. Ah! me voilà bien tranquille, bien heureuse, et je sens que je vous aimerai beaucoup pour ce procédé-là.
LOUIS. Je n'ai pas grand mérite à cela... Ma vie est plus sérieuse que celle des jeunes gens de mon âge... Mes premières années ont été si tristes!...
BÉRÉNICE. Vous êtes malheureux ?
LOUIS. Je suis orphelin.
BÉRÉNICE. Je comprends.
LOUIS. Je n'ai qu'un seul souvenir d'enfance... souvenir de terreur et de larmes... Ma mère me pressait dans ses bras, quand tout à coup une détonation d'arme à feu... C'était mon père qui venait de se tuer !
BÉRÉNICE. Pauvre jeune homme!... (Avec effroi.) Ah! mon Dieu! me voilà tout émue!... et, quand je suis émue, je ne suis plus sûre de moi du tout!
LOUIS. Quelque temps après, ma mère mourait de désespoir, et moi, j'étais recueilli par la charité.
BÉRÉNICE, émue. Monsieur !... monsieur, ne me dites pas de ces choses-là... je vous en prie!... Si j'allais vous trouver intéressant!...
LOUIS. Rassurez-vous, mademoiselle, je suis de ceux dont on s'éloigne, parce que le malheur les a frappés.
BÉRÉNICE. Le malheur!
LOUIS. Et il me réserve sans doute un dernier coup, le plus terrible, peut-être, puisque l'on m'a toujours caché le nom de mon père, que j'ai perdu... Vous le voyez, mademoiselle, je ne puis être qu'un objet de pitié... personne ne m'a jamais aimé, moi!... (Pleurant.) personne ne m'aimera jamais !...
BÉRÉNICE. Allons, bon! le voilà qui pleure, à présent!... voilà que je pleure avec lui!... Ah!... c'est trop dangereux, les larmes... je me sauve!... (Elle va vers la porte du fond et rencontre Courtenay.) Ah!... encore un danger!... je le reconnais aussi!

SCÈNE VII.

LES MÊMES, COURTENAY.

COURTENAY, l'arrêtant. Pardon, mademoiselle!
BÉRÉNICE, effrayée. Que me voulez-vous, monsieur ?
COURTENAY. On m'a dit que je trouverais ici le premier commis de cette usine.
BÉRÉNICE, se rassurant. Ah! ce n'est pas moi qu'il cherche !
LOUIS. Il est devant vous, monsieur.
COURTENAY. Vous, monsieur... si jeune ?
LOUIS. De quoi s'agit-il, monsieur ?
COURTENAY. Monsieur, je vais vous parler sans détour... J'étais riche, et je ne le suis plus... De mon existence d'oisiveté, je désire faire une vie utile et laborieuse... et, comme ma ruine n'a rien que d'honorable, je viens vous dire : « Monsieur, je suis pauvre, et je sollicite du travail. »
LOUIS. Si j'étais seul maître ici, monsieur, ma réponse serait déjà faite... je vous tendrais la main et je vous dirais : « Puisque vous êtes malheureux, nous devons nous comprendre ; puisque vous voulez vous élever par le travail, soyez mon ami ; puisque vous souffrez, soyez mon frère. »
COURTENAY. Merci, monsieur!
BÉRÉNICE, à part. Il est superbe, ce petit-là !... je l'admire... je l'... Oh! qu'est-ce que je dis donc là !
LOUIS. Mais la personne qui doit prononcer sur votre demande est bonne et compatissante, et je suis certain d'avance... Mademoiselle, veuillez, je vous prie, prévenir madame Darmentière...
COURTENAY, à part. Je vais la voir!
BÉRÉNICE. Tout de suite, monsieur... (Cherchant.) monsieur...
LOUIS. Louis.
BÉRÉNICE, à part. Louis, c'est un joli nom... et qui lui va bien, qui lui va très... Oh! Mulot!... Mulot!... (Elle sort à gauche.)

SCÈNE VIII.

LES MÊMES, moins BÉRÉNICE, puis VALENTINE.

COURTENAY. Quelle que soit la décision que prendra à mon égard madame Darmentière, soyez assuré que ma reconnaissance vous est à jamais acquise.
LOUIS. Ce n'est pas à moi qu'elle est due, je n'ai rien fait pour vous.
COURTENAY. Je dois, du moins, vous savoir gré de vos bonnes intentions... et...
LOUIS. Voici madame Darmentière.
VALENTINE, entrant. De quoi s'agit-il, monsieur Louis ?... (Reconnaissant Courtenay, et d'une voix faible.) Vous, monsieur... ici, chez moi ?...
COURTENAY. Veuillez excuser ma hardiesse, madame...; je me suis présenté à bien des portes avant de venir frapper à la vôtre.
VALENTINE. Que venez-vous chercher ici ?
COURTENAY. Du travail, madame.
VALENTINE, étonnée. Du travail ?... Pour vous, monsieur Courtenay ?...
LOUIS. Monsieur Courtenay, le riche propriétaire, dont les bois, les fermes touchent à cette usine ?
COURTENAY. Tout cela ne m'appartient plus.
VALENTINE. En effet, j'ai entendu parler... d'une vente.
COURTENAY. Dites une restitution, madame.
VALENTINE. Une restitution ?
COURTENAY. Vous devez, moins que tout autre, en être surprise... et vous devez aussi comprendre pourquoi j'ai espéré qu'on ne me refuserait pas ici le travail que je n'ai pu trouver ailleurs.
VALENTINE, troublée. Il est vrai, monsieur... Après ce que vous avez fait, c'est un devoir pour moi... Mais je ne sais quel emploi l'on pourrait vous offrir.
LOUIS. Il y en a un vacant, madame...
VALENTINE. Lequel ?
LOUIS. L'éducation de M. Courtenay, le rang qu'il occupait dans le monde, ne lui permettent d'accepter ici qu'une seule place, la première... et, si vous le permettez, je vais préparer l'installation de M. Courtenay. (Il sort.)

SCÈNE IX.

VALENTINE, COURTENAY.

COURTENAY. C'est près de vous, madame, que se forment de pareils cœurs... c'est près de vous qu'ils s'inspirent de ces nobles sentiments, et je n'en suis pas surpris.
VALENTINE, émue. Monsieur... permettez-moi de me retirer.
COURTENAY. Oh! qu'avez-vous à craindre, madame?... Je ne suis plus ce brillant Courtenay, fils de sa fortune, consacrant toute sa vie au plaisir, n'ayant d'autre pensée, d'autre but que de faire beaucoup admirer son luxe et de se faire aimer un peu lui-même... Je suis maintenant votre employé, un subalterne, qui ne hasardera jamais un mot qui puisse vous déplaire, à vous, madame, de qui dépend... son pain.
VALENTINE. Votre... En vérité, monsieur, c'est comme un rêve!
COURTENAY. C'est pourtant bien réel et bien simple, madame... Vous m'avez appris le triste origine de ma fortune, et j'ai accompli le devoir que l'honneur me dictait... A force de soins, de recherches, j'ai trouvé celui dont le père avait été... dépouillé par le mien... « Mon père s'est enrichi aux dépens du vôtre, lui ai-je dit, reprenez cette fortune qui ne m'appartient plus... »
VALENTINE. Oui... c'est bien!... c'est noble!... c'est... et jeune homme ?...
COURTENAY. Il habitait une pauvre mansarde, comme celle que j'habite aujourd'hui... sa vie s'écoulait triste et désolée, ses forces s'usaient dans un rude travail... J'ai pris pour moi le fardeau, je lui ai donné cette douce existence qu'il rêvait parfois sans doute, après sa journée de travail, et, grâce à vous, madame, il y a aujourd'hui deux heureux de plus : lui, qui vient de reconquérir avec cette fortune, toute une vie de joies, de plaisirs... moi, qui viens de reconquérir le calme de la conscience, l'estime de moi-même... et... peut-être la vôtre!...
VALENTINE, s'animant. Oui, monsieur, oui, toute mon estime, toute mon admiration!
COURTENAY. Oh ! madame!
VALENTINE. Et ce jeune homme, quel est-il?
COURTENAY. Il m'a fallu bien des recherches pour découvrir son nom d'abord, puis sa demeure... Ce n'est pas à moi que

ceux qui connaissaient cette cruelle histoire du passé étaient disposés à parler de M. Louis Vernier.
VALENTINE. Louis Vernier?
COURTENAY. Il habitait, il y a quelques jours encore, une petite ville de province...

SCÈNE X.
LES MÊMES, UN DOMESTIQUE, puis MULOT.

LE DOMESTIQUE. Il y a un jeune homme qui demande si madame est visible.
VALENTINE. Son nom?
LE DOMESTIQUE. M. Louis Vernier.
VALENTINE, à part. Lui!...
COURTENAY, à part, avec effroi. Louis Vernier!... (Au domestique.) Pardon, c'est bien Louis Vernier que vous avez dit?
LE DOMESTIQUE. Oui, monsieur.
COURTENAY, à part. Diable!... Louis Vernier!...
VALENTINE. Faites entrer.
LE DOMESTIQUE, introduisant Mulot. M. Louis Vernier.
COURTENAY, à part. Mulot!... mon Vernier à moi!
MULOT, de même. Mon bienfaiteur!
COURTENAY. Excusez-nous, madame... un peu d'étonnement...
VALENTINE. Ce qui arrive est bien simple... Je me souviens maintenant, c'est moi qui ai fait appeler M. Vernier.
COURTENAY. Comment!... vous l'avez fait appeler?
VALENTINE. Les terres qui entourent cette usine vous appartenaient?
COURTENAY. Oui, madame.
VALENTINE. Nous désirons en acquérir une partie... et j'ai fait prier le nouveau propriétaire de venir causer avec moi de cette acquisition... (Avec émotion.) Mais je ne croyais pas, monsieur, que j'allais vous mettre tous deux en présence, et rendre ainsi notre entrevue d'aujourd'hui si différente de celle...
COURTENAY. Que nous avons eue au Havre.
MULOT. Comprends pas... Mais on a appelé le nouveau propriétaire... comme ce nouveau propriétaire c'est moi... je me suis hâté d'obtempérer soudain aux ordres de la beauté. (A part.) C'est assez bien rédigé.
COURTENAY, à part. Ah! je respire!
MULOT. Belle dame, daignez disposer de moi... et je jure, toi de Mul... Oh!...
VALENTINE. Plus tard, monsieur, si vous le permettez, nous nous occuperons de cette affaire... Peut-être avez-vous à causer avec M. Courtenay... moi-même, j'ai besoin d'être seule... et je vous laisse. (Elle sort.)

SCÈNE XI.
COURTENAY, MULOT.

COURTENAY, s'assurant que toutes les portes sont fermées, et baissant la voix. Ah! tu peux te vanter, malheureux, de m'avoir causé une terrible peur!
MULOT. Moi?... Et comment ça, homme généreux?
COURTENAY. Eh! parbleu! en venant ici.
MULOT. Mais vous savez bien que je n'y suis pas venu de moi-même... la bonne veut que je lui vende de la terre... A propos, faut-il lui en vendre, de la terre?... Ça n'avait pas été prévu dans nos arrangements... Vous m'avez dit : « Mulot, mon bonhomme, j'éprouve le besoin de faire le bonheur d'un joli garçon. » — J'ai dit : « Me voilà. — Aimable. — Voilà. — Spirituel. — Voilà. » Vous n'avez mis pour condition à la chose que la métamorphose du beau nom de Mulot en celui de Louis Vernier, — avouez que ça m'a coûté... parce que Bérénice en était folle, du joli nom de Mulot... (Courtenay fait un geste d'impatience, et, chaque fois que Mulot élève la voix, lui fait signe de parler plus bas.) De plus, vous m'avez ordonné de dépenser beaucoup de mille livres de rentes... j'en dépense trois par mois... de rouler voiture... je n'en descends qu'aux heures de repas... de dîner aussi souvent que je voudrais... je dîne cinq fois par jour... Enfin, j'ai scrupuleusement rempli mes devoirs... Mais vous n'avez pas fixé le terme de cette jolie vie que je mène pour vous obliger... jusqu'à quand ça durera-t-il, s'il vous plaît?... (Mouvement de Courtenay.) Oh! ne vous gênez pas... ça vous oblige, je m'y résignerai tant que vous voudrez.
COURTENAY. Cela dépendra de l'époque où j'aurai atteint le but que je poursuis.
MULOT. Le but?...
COURTENAY. Oui... une femme, que tu ne connais pas... qui habite... Paris...
MULOT. Il y en a là plusieurs qui me sont inconnues.

COURTENAY. Elle a repoussé mon amour, et...
MULOT. Je comprends : vous m'avez enrichi, pour qu'elle acceptât le mien?
COURTENAY, souriant. Non.
MULOT. Ah!
COURTENAY. Maintenant, écoute bien mes instructions.
MULOT. Instruisez, homme généreux, je vous écoute.
COURTENAY. Aie soin de te montrer beaucoup.
MULOT. Ça fera plaisir aux femmes... Après?
COURTENAY. Aie soin de parler peu.
MULOT. Ah bah! pourquoi?... Je ne comprends pas.
COURTENAY. C'est précisément pour cela.
MULOT. Ah!
COURTENAY. Et surtout n'oublie plus, comme tu as failli le faire tout à l'heure, que tu ne t'es jamais appelé Mulot!
MULOT. Ah! voilà... voilà ce qui me coûte le plus... à cause de toi, Bérénice, de toi qui raffolais du joli nom de Mulot!
COURTENAY. Tu es sûr que personne dans ce pays ne te connaît?
MULOT. Qui diable pourrait me connaître?... Ah! si nous étions à Mabille, ma patrie... tout le monde proclamerait le beau nom de Mul... (Voyant Bérénice à la porte du fond.) Oh!...

SCÈNE XII.
LES MÊMES, BÉRÉNICE.

BÉRÉNICE, le poursuivant, en cherchant à voir sa figure. Oh! mais, ce n'est pas possible!... je ne me trompe pas!... c'est bien lui!... Mulot!
COURTENAY. Hein?
MULOT. Oh!
BÉRÉNICE, tombant dans ses bras. Mon Mulot!
MULOT. Bérénice!
COURTENAY, à part. Ah! diable!
BÉRÉNICE, hors d'elle-même. Mon cher Mulot, que je retrouve!... Ah!... je vais m'évanouir!
MULOT. Non, non, retiens-toi, Bérénice!
BÉRÉNICE. Mais comment se fait-il que tu sois ici, à Louviers, quand je t'ai vu partir en Californie?... Comment se fait-il que je te revoie si bien mis, l'air riche?
MULOT, en regardant Courtenay. Oh! quelle idée!... Mais c'est tout simple, ma chère, j'en suis revenu, de la Californie.
BÉRÉNICE. Comment! au bout d'un mois?... Il en faut trois pour aller en Californie!
MULOT. A pied, oui... mais, en bateau, quinze jours.
BÉRÉNICE. Et pour faire ta fortune?...
MULOT. Ma fortune!... Voilà... J'ai mis quinze jours pour aller... je suis arrivé le jeudi matin, de très-bonne heure... j'ai puisé dans le Sacramento; j'ai choisi le plus fort morceau d'or; je suis reparti le jeudi soir; j'ai mis quinze jours pour revenir... et, comme le mois avait trente et un jours... ça fait juste mon compte.
BÉRÉNICE. Allons donc!... est-ce que c'est possible?
MULOT, à Courtenay. Ça n'a pas l'air de prendre.
BÉRÉNICE. Je ne crois pas à de pareils contes.
MULOT, de même. Décidément, ça ne prend pas.
COURTENAY, intervenant. Pourquoi tromper mademoiselle?... Pourquoi ne pas lui dire la vérité?
MULOT. La vérité, oui... Eh bien, voilà. C'est un petit arrangement temporaire... une convention entre monsieur et...
COURTENAY, passant entre eux. Assez!... Dites donc, je vous le répète, la vérité à mademoiselle.
MULOT. Mais la vérité, c'est...
COURTENAY. C'est que vous ne vous appelez pas Mulot... Dites donc que c'est Louis Vernier qui est votre véritable nom... avouez-lui que vous êtes riche aujourd'hui d'une fortune enlevée à votre père, et que l'on vous a restituée.
BÉRÉNICE. Une fortune restituée?
COURTENAY. Voyons, est-ce bien cela?... est-ce exact?
MULOT. Je suis forcé d'en convenir.
BÉRÉNICE. Comment, monsieur, bien vrai?
COURTENAY. Je puis vous le certifier, mademoiselle... car, cette fortune, c'est moi-même qui la lui ai rendue.
BÉRÉNICE, allant à Mulot. Quoi! tu es riche?
MULOT. Je jure que je ne connais pas le chiffre de ma fortune.
BÉRÉNICE. Et tu ne t'appelles plus de cet affreux nom de Mulot?
MULOT. Hein?
BÉRÉNICE. Eh bien, ça me fait bien plaisir.
MULOT. Comment!... Et moi qui croyais que tu en raffolais!
BÉRÉNICE. Dame! quand tu n'avais que celui-là, il fallait bien m'en contenter.

SCÈNE XIII.

Les Mêmes, MADAME DARMENTIÈRE.

MADAME DARMENTIÈRE, à Bérénice. Mademoiselle... madame Darmentière est dans son appartement?
BÉRÉNICE. Je vais annoncer madame. (Elle se retire.)
MADAME DARMENTIÈRE, très-étonnée. Monsieur Courtenay!... J'avais cru reconnaître votre livrée en arrivant ici.
COURTENAY. Vous vous êtes trompée, madame, je n'ai plus de livrée.
MADAME DARMENTIÈRE. Plus de livrée?
MULOT. C'est la mienne... ce sont mes bêtes... c'est mon brougham et mes grooms que madame m'a fait l'honneur d'apercevoir.
MADAME DARMENTIÈRE. Mais vous, monsieur... que je suis assez surprise de retrouver dans cette maison...
COURTENAY. J'y remplis un modeste emploi, madame.
MADAME DARMENTIÈRE. Un emploi?
COURTENAY. Que votre bonté n'aurait pas refusé à ma misère, si j'avais eu le bonheur de vous rencontrer ici, lorsque je l'ai sollicité. (Il salue respectueusement et sort.)
MULOT, l'arrêtant en passant devant lui. Excusez, mon cher!... (Bas.) C'est mal joué, ça, hein? (Ils sortent.)

SCÈNE XIV.

MADAME DARMENTIÈRE, puis VALENTINE.

MADAME DARMENTIÈRE. Un emploi?... sa pauvreté?... (A Valentine qui entre.) M'expliquerez-vous cette énigme que vient de me débiter M. Courtenay?
VALENTINE. Ce n'est pas une énigme, madame... et quand vous connaîtrez la conduite de M. Courtenay, vous partagerez, j'en suis sûre, toute mon admiration.
MADAME DARMENTIÈRE. Parlez; de quoi s'agit-il?
VALENTINE. Vous vous rappelez avec quel dédain, avec quel mépris j'ai publiquement rejeté les fleurs que m'avait offertes M. Courtenay, parce que je venais d'apprendre comment s'était enrichi son père?...
MADAME DARMENTIÈRE. Je m'en souviens.
VALENTINE. Vous savez de quel air désespéré il a accueilli mes paroles?
MADAME DARMENTIÈRE. Je le sais.
VALENTINE. Eh bien, M. Courtenay ignorait la source honteuse de sa fortune.
MADAME DARMENTIÈRE. Vous pensez?...
VALENTINE. Il l'ignorait, madame... et, depuis le jour où je la lui ai révélée, il n'a plus eu qu'un seul but, une seule pensée: retrouver le fils de celui que avait dépouillé son père, lui rendre cette fortune dont il jouissait avec tant de délices quand il la croyait honorablement acquise, la lui rendre tout entière, pour, se réhabiliter ensuite par le travail, pour racheter l'honneur de son nom!... Dites, madame, est-ce bien?... est-ce grand?... est-ce généreux?... est-ce noble?...
MADAME DARMENTIÈRE, froidement. C'est trop bien, trop grand, trop généreux et trop noble.
VALENTINE. Vous n'admirez pas, comme moi, cette conduite?
MADAME DARMENTIÈRE. Je l'admire autant que vous.
VALENTINE, avec joie. Ah!
MADAME DARMENTIÈRE. Ce qui veut dire que je l'admire trop.
VALENTINE. Je ne comprends pas, madame...
MADAME DARMENTIÈRE. Valentine, souvenez-vous de ces paroles que vous m'adressiez, il y a un mois: S'il y avait encore des héros, les femmes devraient douter d'elles-mêmes... Eh bien, je le dis avec vous, ce qu'a fait M. Courtenay est une belle et digne action... se dépouiller pour racheter la faute de son père, c'est d'un cœur loyal; se réhabiliter par le travail, c'est d'une âme élevée, héroïque.
VALENTINE, avec joie. A la bonne heure, madame!
MADAME DARMENTIÈRE, avec force. Héroïque!... Ma chère, voilà le héros tout trouvé; il est temps d'avoir peur!
VALENTINE, avec orgueil. Peur... moi!... et pourquoi?
MADAME DARMENTIÈRE. Pour ne pas faiblir!... pour ne pas succomber!
VALENTINE. Vous m'insultez, madame!
MADAME DARMENTIÈRE. Ne nous fâchons pas, ma bru... on, si nous devons nous brouiller, ce dont je serais fort triste, laissez-moi, d'abord, vous dire ma pensée tout entière.
VALENTINE. Je vous écoute.
MADAME DARMENTIÈRE. Ma chère, il y a douze mille industriels de toutes sortes dans le département, d'où vient que c'est ici, chez vous, que M. Courtenay est venu d'abord solliciter du travail?
VALENTINE. Il n'y est pas venu d'abord, madame, il était allé... d'abord... frapper à d'autres portes.

MADAME DARMENTIÈRE. A toutes les autres?
VALENTINE. Il suffisait d'un refus pour qu'il songeât à nous... qu'il connaissait... un peu.
MADAME DARMENTIÈRE. Il aurait dû les épuiser tous, avant de franchir le deuil de la maison de mon fils!
VALENTINE. Cette maison est aussi la mienne, madame!
MADAME DARMENTIÈRE. Je m'en souvenais, madame, vous n'aviez pas besoin de me le rappeler, pour me décider à vous dire: Quelqu'un doit en sortir aujourd'hui... cet homme ou moi! (Elle se lève.)
VALENTINE. Si M. Darmentière était ici, il ne repousserait pas le malheureux qui lui demanderait du travail... Si mon mari était là, il ne chasserait pas un homme qui est rentré, à ma voix, dans le chemin de l'honneur, et qui, sur un mot de moi, s'est dépouillé d'une immense fortune... Cet homme m'eût-il adressé quelques galanteries, cet homme eût-il poussé l'audace jusqu'à m'offrir quelques fleurs, votre fils ne lui retirerait pas une main secourable, votre fils ne lui fermerait pas sa porte, votre fils ne lui refuserait pas son travail et son pain... et, ce que ferait votre fils, madame, sa femme saura le faire!... M. Courtenay restera!
MADAME DARMENTIÈRE. C'est donc à moi de partir. (Elle se dirige vers le fond.)
VALENTINE. Parce que cela vous plaît, madame.
MADAME DARMENTIÈRE. Parce que vous me l'ordonnez. Valentine... Adieu!... adieu! (Elle sort.)

SCÈNE XV.

VALENTINE, puis COURTENAY.

VALENTINE. Le chasser?... Est-ce que je le devais?... est-ce que c'était possible?
COURTENAY, qui vient de paraître à droite. Je me serais tué, madame!
VALENTINE. Quoi!... vous étiez là?
COURTENAY. Depuis un instant... Malgré moi, j'ai entendu les dernières paroles échangées entre vous et madame Darmentière, et je viens accomplir un dernier devoir, en m'accusant franchement devant vous.
VALENTINE. Comment?...
COURTENAY. J'ai usurpé votre estime, votre admiration, madame.
VALENTINE. Que signifie?...
COURTENAY. Vous avez pensé qu'en restituant une fortune à M. Vernier, j'obéissais au cri de ma conscience... vous vous êtes trompée, madame... vous avez pensé qu'en renonçant à cette fortune, j'obéissais à un profond sentiment d'honneur, et vous vous êtes trompée. (Baissant la voix.) Car c'est l'amour, c'est l'amour seul qui inspirait ma conduite!
VALENTINE, avec effroi. L'amour!...
COURTENAY. Oh! le plus tendre, le plus profond, le plus respectueux!... Celle que j'aime, l'arbitre de ma destinée, je ne dirai son nom devant personne, pas même devant vous!... Pour elle, j'aurais voulu donner mon sang, j'aurais voulu donner ma vie!... et elle ne m'a demandé qu'une fortune!... et pour cette fortune, elle m'a rendu l'estime de moi-même, et la sienne, madame, la sienne, mille fois plus précieuse encore!
VALENTINE. Taisez-vous!... au nom du ciel, taisez-vous, monsieur!
COURTENAY. Oh! je n'ai pas fini de m'accuser, madame!... Je vous ai dit que j'étais venu ici, parce qu'on avait refusé de me recevoir ailleurs... C'est un mensonge qui pèse à ma conscience... Non, non, je n'ai demandé du travail à aucun autre... je ne suis dit : C'est par elle que j'ai reconquis l'honneur, et je veux qu'elle le sache!... c'est pour l'amour d'elle que j'accepte la lutte et le travail, et je veux qu'elle le voie!... Je suis venu ici, calme et décidé, madame, et, si l'on avait refusé de m'y recevoir, vous m'auriez trouvé mort à votre porte!
VALENTINE, avec terreur. Mort!... (Elle tombe dans un fauteuil.)
COURTENAY. Mais votre âme généreuse m'a épargné ce crime, votre cœur a peut-être deviné mes angoisses, et il a eu pitié de moi!...
VALENTINE. Monsieur!... monsieur!... je vous en supplie, je vous en conjure, partez!... partez!... laissez-moi!...
COURTENAY. Mais vous n'avez donc pas compris toute la violence de mon amour?... C'est lui qui me commande!... Est-ce que je peux lui résister?... Est-ce que je peux vouloir?... Est-ce que je peux partir?...
VALENTINE, se levant. Et seule!... personne pour me soutenir, pour me défendre!... Ah!... (Courant à la fenêtre.) Madame Darmentière!... elle restera!... c'est presque ma mère, mon

sieur!... elle me défendra!... (On entend rouler une voiture.) Partie!... partie!... (Elle se cache la figure dans ses mains.)
COURTENAY, la prenant dans ses bras. Valentine!... je t'aime!... je t'aime!

ACTE TROISIÈME

Un pavillon d'été au milieu d'un parc : porte au fond et portes latérales ; fenêtre à gauche ; du même côté, une petite table ; à droite, un canapé.

SCÈNE PREMIÈRE.
VALENTINE, COURTENAY.

(Valentine est assise sur le canapé, à droite. — Courtenay, assis à gauche, tient un journal.)

VALENTINE, tressaillant tout à coup. Quelqu'un !... Écoutez !... je vous dis qu'on vient!
COURTENAY, d'un ton calme. Mais non... Voyez... personne... Quoi! toujours de ces terreurs soudaines?
VALENTINE, avec abattement. Oui, toujours... toujours.
COURTENAY. En vérité, je ne vous reconnais pas, Valentine.
VALENTINE. Non, n'est-ce pas?... je suis bien changée?... Vous rappelez-vous, Georges, cette femme que vous avez rencontrée, il y a un an, au Havre, dans les salons de Frascati?... cette femme qui marchait le front haut, le regard superbe et dédaigneux?... cette Valentine, brave, forte et vaillante, parce qu'elle était honnête et pure... qui osa vous provoquer en face, vous, Georges, parce qu'avec elle, alors, il n'y avait pas de représailles possibles, et qu'une insulte, quelle qu'elle fût, serait venue expirer à ses pieds !... Ah! c'est qu'alors, cette femme était forte de sa conscience sans reproches, fière de son honneur sans tache !... Aujourd'hui, vous la voyez, Georges... inquiète, abattue, tremblant au moindre bruit... frappée de terreur dès qu'une porte s'ouvre!... (D'une voix sourde et comme à elle-même.) C'est qu'elle attend toujours quelqu'un!... c'est que, sur le seuil de cette porte, peut paraître tout à coup l'époux qu'elle outrage... le maître qu'on vole... le juge qui condamnera!
COURTENAY, se levant et s'approchant d'elle. Voyons... ce retour que vous craignez... rien ne l'annonce.
VALENTINE, vivement, en se levant. Voilà deux mois qu'il n'a écrit... ce silence est une menace... Vous le pensez comme moi, je vous le vois bien, vous ne voulez pas en convenir, je le vois bien... Et puis, est-ce que cela ne se devine pas, ces choses-là?... Il y a là, en moi, un secret avertissement, une voix qui me crie : « Il revient, il revient ! »
COURTENAY, résigné. Eh bien, alors...
VALENTINE, avec effroi. Alors, dites-vous?... Mais que deviendrai-je, alors, je vous le demande?... Je n'en sais rien... je ne sais plus que pleurer et trembler comme une enfant... Mais, quand il sera là, il faudra cacher son effroi, dissimuler ses larmes... il faudra mentir !... (Cachant sa tête dans ses mains.) Oh! quelle honte, mon Dieu, quelle honte !...
COURTENAY. Valentine...
VALENTINE. Non, tenez, Georges... je comprends un éclat, une rupture, une fuite... je comprends qu'une femme parte avec son amant, en disant au monde qui la condamne : J'avais un mari, je l'ai quitté, j'accepte votre blâme et ma flétrissure !... Mais ces honteux accommodements, mais ces lâches transactions, mais cette comédie infâme qu'elle joue entre deux hommes !... Oh! non, pas cela ! jamais ! jamais !... S'il revient, nous partirons, n'est-ce pas, Georges?... Répondez-moi donc! dites-moi donc que je puis partir ensemble !... Ou plutôt, tenez, pourquoi attendre?... Croyez-vous donc que je pourrai soutenir sa vue, que je ne tomberai pas à ses pieds, morte, foudroyée par son premier regard?... Emmenez-moi, Georges, partons, partons !
COURTENAY, froidement. J'aurai plus de raison que vous, Valentine... je saurai résister à des égarements...
VALENTINE, étonnée. A des... (s'arrêtant brusquement.) Écoutez !... cette fois, vous ne direz pas que je me trompe !
COURTENAY. En effet.
VALENTINE. Une voiture s'est arrêtée à la grille du parc !
COURTENAY. Des pas dans la grande allée !
VALENTINE. Ah! vous voyez bien !... Mon Dieu !
COURTENAY, au fond, près de la fenêtre. Non !... rassurez-vous... une femme.
VALENTINE. Une femme?
COURTENAY. Madame Darmentière !

VALENTINE. Ma belle-mère ici !... Oh! si elle vous voit !...
COURTENAY. Elle ne me verra pas ! (Prêt à sortir par la gauche.) Du courage, et du sang-froid ! (Il disparaît.)

SCÈNE II.
VALENTINE, MADAME DARMENTIÈRE.

VALENTINE, essuyant précipitamment ses larmes. Oui, du sang-froid !.. un visage calme !... Apprends à mentir, malheureuse !... Ton rôle commence !
MADAME DARMENTIÈRE, accourant. Ah! la voici, enfin !... (Très-ouvertement.) Mon Dieu, oui, c'est moi, madame... c'est moi qui rentre dans cette maison dont j'ai été chassée... Cela vous étonne?... C'est bien humble, ce que je fais là... mais bah! qu'est-ce que cela me fait, à moi?... J'ai laissé ma dignité à votre porte. (Avec élan.) Ah! madame, c'est qu'il y a dans la vie, des joies si profondes, si immenses... qu'on oublie tout le reste... qu'on ne sent plus rien... pas même une injure !... et je suis si heureuse !...
VALENTINE, poussant un cri. Ah !... mon mari est de retour !
MADAME DARMENTIÈRE. Allons, voilà un mot qui nous rapproche... car c'est du cœur qu'est parti ce cri-là... Oui, mon fils, Maurice est de retour... (Montrant une lettre.) Tenez, tenez, cette lettre... Il craint de vous surprendre tout à coup, et me charge de vous préparer à cette brusque émotion. (La voyant chanceler et s'asseyant.) Eh bien ?... eh bien ?... qu'est-ce que c'est donc que cela?... J'y ai joliment réussi, à vous préparer !
VALENTINE, s'asseyant. Oh! merci, ce n'est rien...
MADAME DARMENTIÈRE. Oui, je suis, c'est la joie, le bonheur... je connais cela... Mais allons, voyons, remettez-vous... vous êtes si pâle qu'on pourrait s'y méprendre... et ce pauvre Maurice, il faut qu'il ne trouve ici que des visages riants, d'abord !
VALENTINE. Oui, madame, vous avez raison... oui, des visages riants !
DARMENTIÈRE, au dehors, Ma mère !... Valentine !...
MADAME DARMENTIÈRE. Le voici !

SCÈNE III.
LES MÊMES, DARMENTIÈRE.

DARMENTIÈRE, embrassant sa mère. Ma bonne mère !... Valentine, ma femme !... (Prêt à la prendre dans ses bras, et s'arrêtant.) Ah! mon Dieu! comme elle est pâle!
MADAME DARMENTIÈRE. Ce n'est rien, va... Elle ne m'a pas donné le temps de la préparer... Elle a devié tout de suite.
DARMENTIÈRE. Mais ce n'est rien, n'est-ce pas?... (A Valentine.) Comment! tu ne me dis rien?... tu ne viens pas m'embrasser?... Est-ce que tu m'en veux? et je devine pourquoi, va! — Pas une lettre depuis deux mois !... Mais attends au moins qu'on s'explique, que diable !... Je ne pouvais pas t'écrire, j'étais mourant.
VALENTINE. Mourant!
DARMENTIÈRE, s'asseyant près d'elle et l'embrassant. J'étais mourant, d'une aimable épidémie qu'ils entretiennent dans ce pays-là, par pure générosité ; car ils n'en usent pas pour eux-mêmes, et la réservent pour les étrangers !... — Voilà l'hospitalité brésilienne !... Bref, je me sentais mourir... et mourir loin de ceux qu'on aime, loin de son pays, seul, isolé, sans un cœur qui batte près de vous, sans une main qui presse la vôtre... ah! c'est dur, allez!
MADAME DARMENTIÈRE. Pauvre enfant!
DARMENTIÈRE. Mais voyez comme, dans les plus navrantes situations, le bon Dieu nous envoie une pensée consolante qui nous calme et nous rafraîchit le cœur... « Non, me disais-je, dans mon pauvre cerveau déjà troublé, non, il n'est pas possible que, là-bas, elles ne se doutent de rien... Il doit y avoir quelque chose comme un avertissement d'en haut, comme la voix d'un ange du ciel, qui leur dise : Femme, mère, il souffre et il meurt loin de vous ! » Et, de mon lit abandonné, il me semblait vous voir toutes, deux agenouillées, vous tenant par la main et priant pour moi... (Madame Darmentière regarde Valentine, qui baisse les yeux.) Eh bien, cette idée, ce rêve, cette croyance, cela seul adoucissait l'amertume des derniers moments, et je me laissais mourir en bénissant Dieu. (Madame Darmentière l'embrasse avec effusion. Valentine, très-émue, fait vers lui un mouvement, qu'elle réprime aussitôt.)
DARMENTIÈRE. Eh bien, quoi?... je ne t'ai pas écrit, j'ai préféré me jeter moi-même sur le premier navire et venir te conter tout cela... Mon usine était établie, florissante, j'en avais reçu le prix convenu, j'étais guéri, et je n'avais pas envie de recommencer... ma foi, je me suis embarqué, et

voilà l'explication... Eh bien, pardonnes-tu? (Il tend la main à Valentine, qui avance la sienne en tremblant.
MULOT, au dehors. Dans le petit pavillon, au bout du parc?... Je sais, je connais.
VALENTINE, à part. Monsieur Vernier!

SCÈNE IV.
LES MÊMES, MULOT.

MULOT, entrant et saluant. Belle dame... (Levant les yeux.) Oh! mille pardons!... je vous croyais seule... je me retire...
VALENTINE. Non, restez, monsieur... (Montrant son mari.) Monsieur Darmentière.
MULOT, le reconnaissant. Ah bah!
DARMENTIÈRE. Eh! mais, je ne me trompe pas...
MULOT, embarrassé. Ça va bien, monsieur?
DARMENTIÈRE. Très-bien... enchanté de vous rencontrer chez moi... mais, par quel hasard?
MADAME DARMENTIÈRE, à part. Ils se connaissent!
VALENTINE. Monsieur est propriétaire de la terre de Villiers.
DARMENTIÈRE. Hein?
VALENTINE. Et nous sommes en marché pour le clos de la Châtaigneraie... C'est ce qui nous vaut la bonne visite de monsieur.
DARMENTIÈRE, étonné. Vraiment?... La terre de Villiers?... Ah çà! mon garçon, vous êtes donc à présent propriétaire?... riche?
MULOT, troublé. Oui, oui, oui... très-riche... très-propriétaire... Ça va bien, monsieur?
DARMENTIÈRE, bas, à sa mère. Est-ce qu'il aurait fait un coup de bourse, lui aussi?
MADAME DARMENTIÈRE, bas. Non, c'est toute une histoire romanesque que Valentine te contera. (Elle se dirige vers le fond.)
VALENTINE, à part, rêveuse. Mon mari connaissait M. Vernier, et il ne m'en a jamais parlé!...
MULOT, à part. Si je m'en allais? (Haut.) Je vois que vous êtes en famille... je repasserai la semaine prochaine... J'ai bien l'honneur...
DARMENTIÈRE. Mais non, ne vous en allez donc pas ainsi, mon cher monsieur Mulot.
MULOT, toussant très-fort. Hum! hum!
VALENTINE, à part. Qu'ai-je entendu?... Ce nom!... (Regardant Mulot.) Et il paraît troublé!
DARMENTIÈRE. Vous dînerez avec nous.
MULOT. Monsieur... (À part.) J'ai étouffé le premier Mulot, mais, s'il recommence!...
DARMENTIÈRE. Allons, c'est convenu... Mais vous me permettrez de ne user sans façon avec vous... Vous comprenez, j'arrive de voyage, et il faut que je fasse déballer mes bagages, mes malles... (Riant.) mes colis... Ah! c'est que j'apporte à ma femme un cadeau, qu'il me tarde de lui offrir... (Madame Darmentière revient.) Au revoir, monsieur Mulot.
MULOT, toussant. Hum! hum! hum!
VALENTINE, à part. Encore ce nom!... Oh! il faut qu'il s'explique!
DARMENTIÈRE. Et puis, il y a quelqu'un à qui je n'ai pas encore serré la main... Je cours aux ateliers... Valentine, tu tiendras compagnie à monsieur, n'est-ce pas?
VALENTINE. Certainement.
MADAME DARMENTIÈRE. Maurice, je t'accompagne.
DARMENTIÈRE. C'est cela!... Viens, mère! (À sa femme.) Au revoir! (Il sort avec sa mère.)
VALENTINE, à Mulot, qui cherche à gagner la porte. Restez donc, monsieur, je vous en prie.
MULOT, à part. Je suis refait!

SCÈNE V.
VALENTINE, MULOT.

VALENTINE, à part. Il faut qu'il parle!... il parlera! (Prenant un papier sur la table.) Tenez, monsieur, vous voyez que je m'occupais de nos affaires... Voici notre acte de vente, que j'avais apporté dans ce pavillon, pour le relire... C'est parfait, j'adhère à tout, et il ne vous reste plus qu'à signer. (Elle s'assied près de la table.)
MULOT, debout, de l'autre côté de la table. Oh! rien ne presse, belle dame... plus tard... la semaine prochaine...
VALENTINE. Pourquoi?... (Souriant.) Vous allez me faire croire que vous retirez votre parole.
MULOT. Oh!
VALENTINE. Mieux vaut en finir sur-le-champ. (Lui présentant une plume.) Tenez, monsieur!

MULOT, dans le plus grand embarras. Après vous, belle dame, après vous.
VALENTINE. Soit... Je vais donc signer la première... (Appuyant sur les mots.) signer, de mon nom, à moi... (Écrivant.) Valentine Delaunay, femme Darmentière... Voyez. (Elle tourne le papier de son côté.)
MULOT, lisant machinalement. Femme Darmentière.
VALENTINE. A vous maintenant, monsieur... Veuillez signer là.
MULOT, hésitant. Signer?...
VALENTINE. Là... Louis Vernier.
MULOT, de plus en plus troublé. Ah! il faut que je signe... Louis Vernier?
VALENTINE. Sans doute, monsieur... Vous savez mieux que moi que ceux qui signent un acte d'un nom qui ne leur appartient pas... ceux-là commettent un faux... et vont au bagne.
MULOT, effrayé. Au... au bagne?... Oui, j'ai entendu dire...
VALENTINE. Signez, monsieur.
MULOT, debout, après avoir essayé. Cette plume ne mord pas.
VALENTINE. Non, c'est votre main qui tremble.
MULOT. Vous croyez?... C'est nerveux, ça, madame, c'est nerveux.
VALENTINE, se levant et le regardant en face. La main tremble, parce que le cœur n'est peut-être pas rassuré... la main tremble, parce qu'on balance peut-être... entre un crime et un aveu.
MULOT, très-effrayé. Un aveu!... Qu'est-ce que vous voulez donc que j'avoue?
VALENTINE. Votre nom, d'abord.
MULOT. Mon nom?... mais c'est...
VALENTINE, avec force. Ne mentez pas... je sais tout!... Vous ne vous appelez pas Mulot!
MULOT, s'oubliant. Mais, si fait, madame, si fait!
VALENTINE, tranquillement. Alors, vous ne vous appelez donc pas Louis Vernier?
MULOT. Non!... si!... (À part.) Sapristi! elle m'embrouille!
VALENTINE, baissant la voix. Vous voyez bien que je savais tout... que ce nom de Vernier, qui ne vous appartient pas, vous a été donné par...
MULOT, écrasé. Dame!... puisque vous le savez... par M. Courtenay...
VALENTINE. Que cette prétendue fortune dont vous vous parez... c'est...
MULOT. Dame!... puisque vous le savez... c'est la sienne, qu'il m'a donnée en garde...
VALENTINE. Qu'enfin, vous jouiez un rôle convenu avec lui, dans cette étrange comédie dont il est l'auteur!...
MULOT. Dame! puisque vous le... (À part.) C'est un juge d'instruction, que cette femme-là... c'est une femme de robe! (Haut.) Mais, si vous saviez aussi, madame, dans quelles intentions honnêtes et pures!...
VALENTINE, regardant la porte à gauche. Taisez-vous!
MULOT, continuant. Il'était amoureux!... c'est bien respectable, ça, madame!... et alors...
VALENTINE, les yeux toujours fixés sur la porte. Taisez-vous!
MULOT. Et alors...
VALENTINE. C'est lui!... (Poussant Mulot vers la porte du fond.) Sortez!
MULOT. Oui, madame, avec plaisir... mais, auparavant...
VALENTINE, bas et très-vite. Le pardon, l'oubli, je vous promets tout, si vous sortez à l'instant!
MULOT. Oh! (Il s'élance au dehors et Valentine referme la porte.)

SCÈNE VI.
COURTENAY, VALENTINE.

COURTENAY, entrant et refermant la porte. Seule!... enfin!... (Allant s'asseoir sur le canapé.) Eh bien, Valentine, vous ne vous trompiez pas, c'était bien lui... Ah! tenez, à cette nouvelle, je ne puis dire ce qui s'est passé en moi... quel étrange mouvement de jalousie... J'ai senti que je ne serais peut-être pas maître de moi, qu'il y aurait un éclat dans cette maison... et je viens chercher près de vous le calme que je m'efforçais de vous inspirer tout à l'heure.
VALENTINE, avec la plus grande tranquillité. Et vous avez bien fait, Georges... Car, voyez... regardez-moi... je me sens mieux, à présent... je n'ai plus la fièvre, le délire, comme tantôt... Notre imagination crée parfois de terribles fantômes, qui s'évanouissent devant la réalité... on voit venir avec épouvante des situations, en face desquelles on s'étonne ensuite de se trouver courageuse et forte. Mon Dieu, oui, il est revenu, je l'ai revu... là... il m'a parlé, m'a regardée en face, et... (Souriant.) enfin, je ne suis pas morte.

COURTENAY, *cherchant à pénétrer sa pensée.* Ainsi, ces projets de rupture... de fuite?...
VALENTINE. J'étais folle, n'est-ce pas?... Je commence à vous croire. (*Elle s'assied près de la table.*)
COURTENAY, *à part.* Je respire! (*Se levant et s'appuyant d'une main sur le dossier de la chaise de Valentine.*) Enfin, il revient, pour ne plus vous quitter!
VALENTINE. Oui, car il revient plus riche qu'au départ... Riche!... lui!... Tenez, c'est mal, ce que je vais vous dire, et vous allez peut-être me mépriser... mais, tandis qu'il nous parlait, à ma mère et à moi, du succès de son entreprise... ma pensée se reportait, de cette fortune qu'il vient d'accroître encore, à la pauvreté volontaire que vous vous êtes faite... et jamais, non, jamais, vous ne m'avez paru plus noble, plus grand, dans votre honorable misère.
COURTENAY, *avec passion.* Non, dites : « Jamais plus heureux et plus riche!... » Tant d'amour, tant de bonheur, payé d'un peu d'or mal acquis!
VALENTINE, *négligemment.* Mes regards venaient de tomber sur celui que vous avez si généreusement enrichi...
COURTENAY, *légèrement troublé.* Ah! M. Vernier était là?
VALENTINE. Oui; il était venu pour signer un contrat de vente... Mon mari et ma belle-mère nous ont laissés ensemble... et alors, en regardant, en écoutant ce jeune homme, j'ai éprouvé une sorte d'inquiétude...
COURTENAY. Vous?
VALENTINE, *le regardant.* Êtes-vous bien sûr, Georges, que votre sacrifice n'ait pas été mal placé?... Il serait affreux qu'un intrigant, usurpant un faux nom...
COURTENAY, *riant.* Quelle idée!
VALENTINE. Vous avez dû vous entourer de documents, d'actes, de preuves?
COURTENAY. Assurément.
VALENTINE. D'où vient donc qu'au moment de signer cet acte, il a hésité?... qu'il a tremblé en prenant cette plume?
COURTENAY. Je ne sais... (*A part.*) Maladroit!
VALENTINE. Vous ne savez?
COURTENAY. Sans doute, ce pauvre garçon, se trouvant seul près de vous, a pu, a dû se troubler... Si vous voulez bien me confier cet acte, je le lui porterai moi-même, et, moins intimidé, il signera.
VALENTINE, *se levant.* Non, il ne signera pas.
COURTENAY. Mais pourquoi?
VALENTINE. Parce que... parce qu'il m'a avoué qu'il ne s'appelait pas Louis Vernier.
COURTENAY, *effrayé.* Il vous a dit...
VALENTINE. Qu'il ne s'appelait pas Louis Vernier... (*Le regardant en face.*) Qui donc ment ici?... L'un de nous deux, à coup sûr, est un imposteur, un faussaire... (*S'avançant vers lui, terrible.*) et je crois décidément que c'est vous!
COURTENAY. Madame!...
VALENTINE. Ah! c'est vous!... car vous avez pâli!
COURTENAY, *à part.* Elle sait tout! (*Il demeure immobile.*)
VALENTINE, *se contenant, et du ton le plus familier.* Ah çà, dites-moi donc, qu'y a-t-il un jour je ne sais plus qui... je n'ai pas insulté ce qui de votre père?... est-ce que je n'ai pas dit qu'il avait volé le bien d'autrui?... Eh bien! pauvre homme!... il ne valait pas mon indignation, et j'aurais dû la garder pour un autre!... Car enfin, lui, ce vulgaire malfaiteur, il n'avait volé que la fortune d'un homme!... (*Éclatant.*) et vous, monsieur, vous avez volé l'honneur d'une femme!
COURTENAY. Valentine!...
VALENTINE. Sortez, sortez d'ici!
COURTENAY, *retrouvant toute son assurance et souriant avec calme.* Non, madame, je ne sortirai pas... et vous m'entendrez... (*Elle le regarde d'un air effaré.*) Un homme qui m'aurait dit ce qui vous m'avez dit, il y a un an, je l'aurais tué!... C'était une femme... j'en ai fait ma maîtresse... Que pouvais-je de plus?
VALENTINE, *tombant sur le canapé.* O mon Dieu!... avoir été la dupe de ce misérable!
COURTENAY. Mais, avant de vous haïr, je vous aimais... vous êtes toujours belle... je vous aime toujours... voilà pourquoi je reste.
VALENTINE, *faisant un dernier effort.* Eh bien, tenez, je vous écoute... j'en aurai le courage... je supporterai jusqu'au bout ce hideux spectacle de l'hypocrisie qui se démasque, de la vipère qui se redresse... Allons, parlez, digne fils de Godefroy Courtenay... voyons jusqu'à quel point votre infamie bravera mon mépris et ma haine... (*L'écrasant du regard.*) Je ne suis pas morte de honte et de douleur, je mourrai peut-être de dégoût!
COURTENAY. Non, madame, ce grand mépris est affecté... cette grande colère tombera... (*Relevant la tête et s'approchant.*) Car vous m'appartenez, autant et plus qu'à cet homme... A cet homme, vous n'étiez liée que par un serment que vous avez brisé... vous êtes à moi par une faute que vous ne pouvez plus racheter!... (*Avec autorité.*) Je vous ai prise et je vous garde!
VALENTINE, *couvrant son visage de ses mains.* Oh!
COURTENAY. Nous nous reverrons, madame... car, je vous le jure, je ne quitterai pas cette maison. (*Il sort à gauche.*)

SCÈNE VII.

VALENTINE, *éclatant en sanglots.* Seigneur!... Seigneur!... votre vengeance est-elle satisfaite?!... est-ce assez de remords?... est-ce assez de larmes?... est-ce assez de honte? (*On entend un bruit de voix. Elle se relève tout à coup et s'essuie les yeux.*)

SCÈNE VIII.

VALENTINE, DARMENTIÈRE, MADAME DARMENTIÈRE.

DARMENTIÈRE, *rentrant gaiement, tenant à la main un papier et un portefeuille, et parlant à la cantonade.* Germain, dites à Louis que je l'attends ici... et veillez ensuite à ce que personne ne vienne nous déranger. (*Entrant.*) Oui, mère, nous serons très-bien dans le pavillon isolé, pour parler affaires et régler nos comptes. (*Il prend sous chaque bras sa femme et sa mère.*) Ah!... voilà la première fois, depuis un an, que je respire à pleins poumons!... J'ai bien souffert, loin de vous, j'ai failli mourir là-bas... pour gagner les malheureux douze cent mille francs qu'il y a là-dedans... mais enfin, le moment est venu de me payer de mes peines... (*Riant.*) J'ai fait ma semaine, je vais toucher mon salaire... Et, d'abord, (*Montrant l'enveloppe cachetée.*) il y a une traite d'un million payable à vue... (*La donnant à sa mère.*) Tiens, mère, dis-lui que c'est la dot de mademoiselle Valentine Delaunay.
VALENTINE, *reculant.* A moi!... Oh! non, non!
DARMENTIÈRE, *gaiement.* Que veux-tu, chère amie... il y a, dit-on, de braves gens qui cherchent une femme pour sa dot : moi, je suis allé chercher une dot pour ma femme... Si tu la refuses, ce n'était pas la peine de me déranger... et puis, prends garde, ce serait humiliant pour le gouvernement brésilien, qui a signé la traite...
VALENTINE, *à part, avec indignation.* A moi!... à moi!...
DARMENTIÈRE. Tu ne veux pas humilier le Brésil, n'est-ce pas?... non?... Voilà donc un compte réglé... Mais ce n'est pas tout... Il reste dans ce portefeuille deux cent mille francs, qui ont une destination sacrée, je te l'ai dit... (*Allant au fond.*) Louis!... viens donc, Louis!

SCÈNE IX.

LES MÊMES, LOUIS.

LOUIS. Me voici, monsieur.
DARMENTIÈRE, *plus sérieux, le prenant par la main.* Mère... et toi, Valentine... vous voyez ce brave garçon?... Son regard est bien triste, n'est-ce pas?... Oh! c'est que le malheur a frappé bien jeune ce front-là, et y a laissé sa trace. (*Embrassant Louis.*) Pauvre enfant! (*Essuyant une larme, et se tournant vers les deux femmes, sans quitter la main de Louis.*) Il avait quatre ans à peine, quand je l'ai recueilli... Il était orphelin... Son père... un bon et honnête homme, celui-là!... son père s'était vu dépouiller, voler...
VALENTINE, *relevant tout à coup la tête.* Son père!... (*A partir de ce moment, elle écoute avidement les paroles de Darmentière. — Madame Darmentière ne la quitte pas des yeux.*)
DARMENTIÈRE, *continuant.* Par un misérable à qui il avait confié tout ce qu'il possédait... Pauvre Vernier!
MADAME DARMENTIÈRE. Vernier!
VALENTINE, *à part.* C'était lui!
DARMENTIÈRE. Il ne songea qu'à son fils, qu'il laisserait sans ressources, sans pain... le courage lui manqua, et, dans son égarement...
LOUIS. Oh! par pitié, n'achevez pas!
DARMENTIÈRE, *après un temps.* C'est alors que j'adoptai ce pauvre enfant, qui n'avait plus rien sur la terre... je lui donnai de l'éducation, puis l'état... le mien.
LOUIS, *baisant ses mains en pleurant.* Oh! monsieur, vous êtes le plus noble des hommes!
VALENTINE, *à part, en étouffant ses pleurs.* Oui!... oui!... le plus noble des hommes!
MADAME DARMENTIÈRE, *bas à Valentine, pendant que Darmentière relève Louis.* Vous le voyez, on vous trompait!
VALENTINE. Je le savais.
MADAME DARMENTIÈRE, *vivement.* Et... cet homme?
VALENTINE. Je l'ai chassé! (*Mouvement de joie de madame Darmentière.*)

MADAME DARMENTIÈRE, à son fils. Eh bien ?
DARMENTIÈRE. Pour qu'il ne me quittât plus, je le plaçai dans mes ateliers... où il s'est toujours montré un brave et digne garçon... Voilà ce que j'ai fait, pour ma part, pour mon compte, à moi... Mais ce n'était pas assez... Il y avait une autre dette à payer... une dette qui pesait sur la mémoire d'un homme d'honneur... car on n'avait pu dépouiller le pauvre Vernier qu'après avoir soustrait des papiers dans l'étude d'un notaire...
VALENTINE, vivement. Dans l'étude de mon père, monsieur !
DARMENTIÈRE. Quoi ! tu le savais ?
VALENTINE. Je le savais... Mais ce que j'ignorais, ce que je viens d'apprendre, c'est que vous... vous !... Oh ! tant de générosité, de noblesse !... (Elle ne peut plus achever, la voix lui manque.)
DARMENTIÈRE. Tu le savais ?... Eh bien... tiens... prends et rends à l'orphelin une faible part de ce qu'on a pris au père... rends-le-lui, non pas en mon nom, mais au nom de ton père, à toi, qui nous voit de là-haut et nous bénira... Il peut dormir en paix : sa faute lui est remise, sa dette est payée !
VALENTINE, prête à s'agenouiller devant son mari. Oh ! monsieur !... monsieur !...
DARMENTIÈRE. Prends, prends ! (Valentine prend le portefeuille, mais la force l'abandonne et le portefeuille lui échappe des mains.)
DARMENTIÈRE. Valentine !... (bas.) C'est le souvenir de son père. (A Valentine.) Pardonne-moi d'avoir réveillé...
VALENTINE, tombant sur le canapé. Ah ! mon Dieu !
MADAME DARMENTIÈRE, bas à son fils. Ce sont de bonnes larmes, il faut les laisser couler... (bas à Louis.) Venez, monsieur Louis, venez !
DARMENTIÈRE, les suivant, sans perdre de vue Valentine. Oui, va, mon garçon... (Dès qu'ils sont au fond, revenant à sa femme et avec effusion.) Eh bien, es-tu contente de moi ?... Mais viens donc, viens donc dans mes bras !
VALENTINE, s'éloignant vers lui, mais reculant aussitôt et le repoussant avec terreur. Moi ?... Jamais !... (D'une voix mourante.) Jamais !... (Elle s'affaisse sur elle-même.)
DARMENTIÈRE. Ciel !... ma mère !... ma mère !...
MADAME DARMENTIÈRE, revenant. Que vois-je !
DARMENTIÈRE. Un médecin !... Elle se meurt !...
MADAME DARMENTIÈRE, à part. Mon Dieu ! était-elle perdue déjà ?... (Ils s'empressent de secourir Valentine.)

ACTE QUATRIÈME.

Un parc : pavillon au deuxième plan, à gauche ; guéridon, fauteuil et trois chaises de jardin ; à droite, canapé de jardin.

SCÈNE PREMIÈRE.

MULOT, BÉRÉNICE.

BÉRÉNICE, sortant du pavillon. Me voilà... Qu'est-ce que tu me veux ?
MULOT, venant de droite. Je t'ai fait demander par un domestique, pour causer un instant avec toi... pour savoir ce que tu penses de moi.
BÉRÉNICE. Mais, je pense que tu es riche, ce qui fait que je ne t'aime pas moins qu'autrefois... et que tu te nommes Vernier, au lieu de t'appeler Mulot, ce que je trouve beaucoup plus gentil.
MULOT. Plus gentil ?... Je ne trouve pas.
BÉRÉNICE. Eh bien si... mon petit Vernier, c'est bien plus agréable à dire que : mon petit Mulot... et puis, tu t'appelles aussi Louis, Louis Vernier, c'est charmant.
MULOT. Mais, du temps où j'étais simple Mulot, je me nommais encore autrement, j'avais un petit nom... je m'appelais Pythagore.
BÉRÉNICE. Pythagore ! comme c'est gracieux !... Pythagore, je t'aime !... Allons donc ! Pythagore !...
MULOT. Pythagore est d'un bon augure en ménage, c'est un présage de multiplication.
BÉRÉNICE. C'est possible, mais je t'aime mieux Louis Vernier que Pythagore Mulot.
MULOT. Alors, si je redevenais jamais ce que j'étais naguère... ton cœur deviendrait donc insensible à l'amour ?
BÉRÉNICE. Je ne dis pas ça.
MULOT, avec joie. Ah !... il ne cesserait pas de palpiter ?...
BÉRÉNICE. Seulement, il palpiterait peut-être pour un autre.
MULOT. Pour un autre !
BÉRÉNICE. Mais, à quel sujet me faire toutes ces questions ?

MULOT. J'ai mes raisons... et je suis fixé... Maintenant, fais-moi le plaisir de dire à M. Courtenay que je l'attends ici.
BÉRÉNICE. Et voilà tout ce que vous avez à me dire ?
MULOT. Mais, à peu près.
BÉRÉNICE. Comment !... vous êtes riche... vous me l'avez assuré...
MULOT. Et je ne t'ai pas trompée... J'ai pour le quart d'heure... tu entends bien ? pour le quart d'heure... soixante-dix mille livres de rentes.
BÉRÉNICE. Eh bien, est-ce que vous ne songez plus à m'épouser ?
MULOT. Au contraire... j'y songe... dans tous mes... Songe seulement, il faut d'abord que je règle mes comptes avec quelqu'un... que je fixe au juste ma position financière... Combien as-tu, toi, ici ?
BÉRÉNICE. Cinq cent soixante francs.
MULOT. Cinq cent soixante francs !... c'est maigre.
BÉRÉNICE. Qu'importe ?... Est-ce que ça signifie quelque chose, auprès de vos soixante-dix mille livres de rentes ?...
MULOT. Bah !... quand nous aurions soixante-dix mille cinq cent soixante francs... où serait le mal ?
BÉRÉNICE. Comment ! vous me laisseriez femme de chambre... ici ?
MULOT. Ça te déplait donc, d'être femme de chambre... ici ?
BÉRÉNICE. Mais beaucoup.
MULOT, étonné. Ah !... tu aimerais mieux être femme de chambre... ailleurs ?
BÉRÉNICE. Femme de chambre... moi, votre femme à vous, un millionnaire !
MULOT. Ah ! voilà, ma chère... c'est que mes capitaux ne sont pas placés d'une façon bien... solide.
BÉRÉNICE. Ah ! mon Dieu !... tu crains d'en perdre une partie ?
MULOT. Une forte... et c'est pour ça que je désire causer avec M. Courtenay... Mais, sois tranquille, Bérénice, riche ou pauvre, ton Mulot t'adorera toujours.
BÉRÉNICE. Mulot ?... pas du tout, Louis, Louis Vernier.
MULOT. Tu y tiens ?
BÉRÉNICE. Et beaucoup... Je crois que je me consolerais encore de la perte de la fortune, pourvu que tu gardes toujours le joli nom de Louis, au lieu de cet affreux nom de Mulot.
MULOT, à part. Me voilà bien !
BÉRÉNICE. Je vais prévenir M. Courtenay... Ah ! le voici.
MULOT. Bon, laisse-moi seul avec lui.

SCÈNE II.

COURTENAY, MULOT.

COURTENAY, entrant. Ah ! Mulot,... il a failli tout compromettre, il est temps de régler mes comptes avec cet imbécile.
MULOT. Imbécile !... c'est de moi qu'il parle... Bonjour, monsieur !
COURTENAY. Ah ! te voilà !
MULOT. Oui, monsieur, et je vais tâcher de vous prouver que je ne suis pas aussi... imbécile que vous dites.
COURTENAY. Ah ! tu as entendu ?
MULOT. Parfaitement.
COURTENAY. Tu comprends, alors, que je n'ai plus besoin de toi, que je renonce à cette ruse qui le mettait, pour un temps, en possession de ma fortune, et que je te la reprends.
MULOT. Décidément ?
COURTENAY. Très-décidément.
MULOT. Monsieur... avez-vous vu Ruy-Blas, à la Porte Saint-Martin ?
COURTENAY. Pourquoi cette question ?
MULOT. Je l'ai vu, moi, monsieur... Il y a là-dedans un pauvre diable comme moi, que, de laquais, on transforme en ministre, et qui, une fois ministre, a la naïveté d'obéir comme un domestique.
COURTENAY. Eh bien ?...
MULOT. Eh bien, quand j'ai vu cette pièce, je me suis toujours demandé pourquoi M. Ruy-Blas ne se disait pas : « Mais, nom d'un petit bonhomme ! je suis ministre moi... et pourquoi n'ai-je pas flanqué M. don Salluste par la fenêtre ? »
COURTENAY, se levant. Eh quoi, drôle !...
MULOT. Je n'ai pas l'intention de vous faire suivre cet itinéraire... mais cet imbécile de Mulot ne se laissera pas aussi brusquement mettre à la porte de cette jolie existence que vous lui avez prêtée.
COURTENAY, montrant un papier. N'ai-je pas ton engagement écrit ?
MULOT. Oui, monsieur, un engagement qui dit que je ne suis que temporairement possesseur de vos biens.

COURTENAY. Et que tu les restitueras, dès qu'il me conviendra de les réclamer.
MULOT. C'est vrai... mais j'ai l'oreille dure, moi, monsieur... j'ai besoin qu'on parle haut, et... je ne suis pas certain que vous soyez décidé à crier bien fort.
COURTENAY. Ah! tu comptes sur ma crainte de faire du scandale?
MULOT. Je ne sais pas sur quoi je compte... mais je m'y suis attaché, moi, à votre fortune... je l'aime, je l'adore, moi, cette belle fortune... et quand j'aime, moi, monsieur, c'est pour la vie!
COURTENAY. Pour la vie?... Eh bien, moi, je te chasse tout de suite, aujourd'hui même.
MULOT. Aujourd'hui?... Ah! non, non, permettez... J'habite votre hôtel de Paris, votre château, vos carrosses... enfin, je suis locataire de votre fortune; et un locataire... ça ne se renvoie pas d'un jour à l'autre... Vous ne m'avez pas donné congé, j'y suis encore pour trois grands mois.
COURTENAY. Eh bien, nous verrons, drôle!
MULOT. Drôle, c'est possible; mais pas si imbécile que vous disiez...
COURTENAY, bas, voyant Darmentière et sa mère. Tais-toi, tais-toi!
MULOT, bas. Vous voyez bien que vous n'avez pas envie de crier bien fort.
COURTENAY. Tais-toi, te dis-je! (Il l'emmène. — Ils sortent.)

SCÈNE III.

DARMENTIÈRE, MADAME DARMENTIÈRE, sortant du pavillon.

DARMENTIÈRE. Quelle nuit elle a passée!... La fièvre ne l'a pas quittée un seul instant... Dis-moi, ma mère, tu ne soupçonnes pas la cause de cette maladie?
MADAME DARMENTIÈRE. Moi?... Non...
DARMENTIÈRE. Je me suis informé auprès de ceux qui la servent... et... c'est depuis mon retour seulement qu'elle souffre ainsi...
MADAME DARMENTIÈRE. Depuis... ton retour?...
DARMENTIÈRE. Pendant mon absence, tu demeurais ici, près d'elle...
MADAME DARMENTIÈRE. Moi?... Oui, oui.
DARMENTIÈRE. Et tu ne l'as jamais vue malade?...
MADAME DARMENTIÈRE. Jamais...
DARMENTIÈRE. Mon Dieu!... c'est une horrible pensée... mais, depuis hier, j'ai l'esprit et le cœur à la torture... Tiens, mère, je n'y résiste plus, il faut que je te dise...
MADAME DARMENTIÈRE, à part. Je tremble!... (A Maurice.) Parle... je... l'écoute.
DARMENTIÈRE. Eh bien, mère... c'est mon retour... ou plutôt, moi, c'est moi qui la tue.
MADAME DARMENTIÈRE. Toi!...
DARMENTIÈRE. Il y a une chose que tu n'as pas remarquée... Depuis que je suis revenu de ce long et pénible voyage, pas un baiser, pas un serrement de main, pas un de ces bons et tendres regards qui faisaient jadis toute ma vie!... Elle ne m'aime plus, ma mère, elle ne m'aime plus, et c'est ma présence qui la tue!
MADAME DARMENTIÈRE. Non, non, ce n'est pas cela, tu te trompes.
DARMENTIÈRE. Eh bien, tiens, la voici... Écoute, observe, et tu me diras après si je me trompe.

SCÈNE IV.

LES MÊMES, VALENTINE.

DARMENTIÈRE. Valentine... comment te trouves-tu?
VALENTINE, relevant la tête. Ah! c'est... vous!...
DARMENTIÈRE. Qui t'a conduite à un fauteuil du jardin. Mais je ne t'ai pas quittée depuis hier, chère enfant!... A personne au monde, à ta mère elle-même, je n'aurais cédé ma place près de ton lit... Tu étais si agitée!... ton sommeil était si pénible, ta main si brûlante!... Et je suis sûr que, maintenant encore... (Il veut prendre sa main, elle la retire.)
VALENTINE. Non... je vais mieux.
DARMENTIÈRE, à part. Ce ne sont plus seulement mes caresses... ce sont aussi mes soins qu'elle repousse!... (Bas, après avoir interrogé sa mère, qui ne répond pas.) Eh bien, ma mère!... (Haut.) Hier, Valentine, je t'ai dit l'emploi que j'entends faire de cette fortune nouvelle, acquise en Amérique... Te sens-tu la force de recevoir Morand, notre notaire?... Je l'avais prié de venir ce matin, et il est là.
VALENTINE. Non... de grâce!... je ne puis.
DARMENTIÈRE. Il me tardait de consacrer, par une donation authentique...

VALENTINE, vivement. Rien!... je ne veux rien!
DARMENTIÈRE, bas, à sa mère. Elle ne veut pas plus accepter mes dons que mes caresses et mes soins!... (Croyant parler à un domestique.) Qu'on dise à Morand... Ah! c'est toi, Louis?... (A sa mère.) Dis-tu encore que je me trompe?

SCÈNE V.

LES MÊMES, LOUIS.

LOUIS, voyant Valentine. Et... madame?...
DARMENTIÈRE. Tu vois... toujours souffrante... (s'approchant de sa femme.) Valentine, c'est Louis qui s'informe de tes nouvelles.
VALENTINE. Merci, monsieur Louis... ce ne sera peut-être rien...
LOUIS, à Darmentière. Vous aviez annoncé, monsieur, que, ce matin, vous passeriez l'inspection des ateliers, et recevriez tous les rapports des chefs de service... Tous les commis, tous les ouvriers sont réunis, et tous vont éclater leur joie de vous revoir enfin au milieu d'eux.
DARMENTIÈRE, à demi-voix. Ah! ils sont heureux de me revoir... eux?
LOUIS. J'ai rédigé cette nuit un rapport, et, si vous voulez...
DARMENTIÈRE. Bien, mon ami... Oh! je ne suis pas inquiet, mes intérêts ont été bien surveillés, ma fortune est prospère... (Avec amertume.) Je suis un homme heureux, moi.
LOUIS. Tout le monde ici vous aime, monsieur.
DARMENTIÈRE. Tout le monde?... Oui, oui, tout le monde... A propos, Louis, je t'ai remis hier l'argent qui doit assurer ton avenir... (Tirant des papiers de sa poche.) Voici, maintenant, des papiers qui ont appartenu à ton père.
LOUIS. A mon père?... (Vivement.) Permettez-moi de me retirer pour les lire sans retard.
DARMENTIÈRE. Va.
LOUIS. Le service ne souffrira pas de mon absence... le chef du personnel, M. Georges Courtenay, sera là pour vous recevoir.
DARMENTIÈRE, étonné. Monsieur... Courtenay?... (Il regarde sa mère.)
MADAME DARMENTIÈRE, se levant. Un nouvel employé, admis dans l'usine pendant ton absence, mon ami.
DARMENTIÈRE. Georges... Courtenay?... Le fils de Godefroy Courtenay, homme d'affaires, mort à Paris, il y a dix ans?...
LOUIS. C'est lui-même, monsieur.
DARMENTIÈRE. Et il est ici, dans mon usine, exerçant un modeste emploi?... Non, ce ne peut-être lui... le fils de Godefroy est riche... je pourrais même dire le chiffre de sa fortune.
LOUIS. Il est ruiné, monsieur...
DARMENTIÈRE. Ruiné!... (A part.) Justice du ciel!
LOUIS. Oui, monsieur... et sa ruine est si complète, qu'il est venu ici solliciter du travail pour vivre.
DARMENTIÈRE. Ici, près de lui!... (Il regarde Louis.) Et... dis-moi, Louis... tu vis en bonne intelligence avec ce jeune homme?...
LOUIS. Son malheur était déjà un titre à ma sympathie... Il me semble que tous les malheureux sont, de droit, mes amis.
DARMENTIÈRE. Bien!
LOUIS. Voilà pourquoi j'ai vu tout à l'heure avec peine son inquiétude... Votre arrivée a paru le troubler... je l'ai interrogé, et il craint, m'a-t-il dit, que vous ne consentiez pas à le garder.
DARMENTIÈRE. Moi?... (Bas aux femmes.) Rendre le fils responsable des fautes du père... ce serait injuste et cruel, n'est-il pas vrai?... (A Louis.) Je causerai avec ce jeune homme, mon ami, nous nous entendrons peut être.
LOUIS. Vous permettez que je me retire?
DARMENTIÈRE. Attends... Donne-moi ces papiers, que je viens de te remettre.
LOUIS. Ces papiers?... Mais...
DARMENTIÈRE. Donne... (Louis les lui remet en hésitant. — Darmentière les parcourt l'un après l'autre.) Oh! je vais te les rendre, seulement, il y en a quelques-uns... (Il en ôte successivement trois.) que j'ai eu tort de ne pas ôter... Tiens... (Il lui rend les autres papiers.)
LOUIS, vivement. Mais, monsieur...
DARMENTIÈRE. Ces lettres qui se sont glissées là, par erreur, des lettres qui n'intéressent que moi.
LOUIS, à part. Pourquoi reprend-il ces papiers?
DARMENTIÈRE, bas, aux deux femmes. Là était le secret de la mort de ce père... là était aussi la mort pour l'un de ces deux jeunes gens!
VALENTINE. Oh! vous êtes un noble cœur, monsieur!
DARMENTIÈRE, souriant avec douleur. Ce ne sont pas toujours ceux

là quel'on aime, Valentine... Mais ces braves ouvriers, ces bons amis m'attendent... (A Valentine.) Tu me permets d'aller leur serrer la main, n'est-ce pas?.. et je puis leur annoncer que tu le sens mieux?... oui?... (Elle fait un signe de tête, et semble prête à lui tendre la main.) Ah! (Il s'avance avec joie vers elle, mais s'arrête aussitôt, en voyant que Valentine a reprimé son mouvement.) Viens, Louis, viens! (Ils sortent.)

SCÈNE VI.

VALENTINE, MADAME DARMENTIÈRE.

MADAME DARMENTIÈRE, allant à elle, et d'un ton sec. C'est bien, madame... Vous avez, du moins, repoussé sa main... repoussé son or... repoussé tout ce qui venait de lui... Vous le respectez encore, du moins... c'est bien.

VALENTINE, la regardant avec anxiété. Que voulez-vous dire, madame?...

MADAME DARMENTIÈRE, s'éloignant. Allons, allons, vous ne savez pas encore mentir.

VALENTINE, glissant de son fauteuil et tombant à genoux, en sanglotant. Ah!... pourquoi m'avez-vous laissée?... (Madame Darmentière se retourne vivement.) Je vous chassais, dites-vous?... Il fallait commander, ordonner!... Il fallait imposer silence à mon orgueil!... il fallait rester!... J'ai appelé à mon secours... c'est votre nom qui sortait de ma bouche... mais vous étiez partie!... J'étais seule!!.. Mon Dieu! mon Dieu! pourquoi m'avez-vous abandonnée à moi-même?...

MADAME DARMENTIÈRE. Relevez-vous, madame.

VALENTINE. Non!... c'est là ma place!... Vous me savez coupable, criminelle... mais vous ne savez pas jusqu'à quel point je suis avilie et dégradée!... Vous ne savez pas... Cet homme est infâme, je vous dis!

MADAME DARMENTIÈRE. Ah! vous le connaissez donc enfin!... mais trop tard!... L'époux qu'une famille nous donne, madame, on le choisit au grand jour... la prudence d'un père, la sollicitude d'une mère sont là, vigilantes et attentives... L'amant qu'on prend en secret, dans l'ombre, sait-on ce qu'il est, ce qu'il fut?... Qui vous avertit?... On le démasque?... Il vous ment il vous trompe, et il fait bien!... c'est le châtiment!

VALENTINE, se relevant et résolue. Il faut que votre fils sache tout, madame!... il faut qu'il le chasse d'ici!

MADAME DARMENTIÈRE. Vous avez dit?...

VALENTINE. Il faut qu'il le chasse!

MADAME DARMENTIÈRE. Non, il ne le chasserait pas... il se battrait... et je ne veux pas, moi, que mon fils joue sa vie contre celle de cet homme!

VALENTINE. Mais, s'il apprend un jour qu'une insulte impunie à son honneur...

MADAME DARMENTIÈRE, fièrement. Son honneur, avez-vous dit?... Son honneur!... Est-ce que vous croyez, par hasard, que l'honneur de mon fils est à la merci de sa femme?... Oh! renoncez, madame, renoncez, vous et d'autres, à ces orgueilleuses prétentions... Quoi! un homme aura été toute sa vie la loyauté même, la franchise, la droiture... il aura conquis l'estime, le respect de tous... et il dépendrait de vous, madame, de vous et de je ne sais quel aventurier, de flétrir cette noble vie, de faire rougir le front d'honnête homme?... Non, non!... La honte dont se couvre une femme ne se propage pas ainsi autour d'elle!... La boue où elle a mis son pied ne rejaillit pas si haut, madame!...

VALENTINE, accablée. Eh bien, alors, c'est moi qui partirai... qui pars à l'instant... S'il vous demande où est sa femme, en qui il croit encore... s'il veut la poursuivre, la ramener... dites-lui qu'elle est morte... et vous aurez dit vrai.

MADAME DARMENTIÈRE. Morte!

VALENTINE. Oui, morte, non pas de remords et de honte, puisque j'existe encore... (D'une voix sourde.) mais d'une souffrance... plus horrible que le sentiment de ma dégradation!...

MADAME DARMENTIÈRE. De quelle souffrance parlez-vous?

VALENTINE. Ah! vous ne soupçonnez pas, madame, toute l'amertume de ma douleur!... vous ne soupçonnez pas à quel point Dieu me punit de ma faute!... Quand je suis devenue sa femme, et jusqu'au jour de son départ pour ce fatal voyage, je ne connaissais de votre fils que cette loyauté, cette droiture, cet honneur dont vous me parliez à l'instant, et j'avais pour lui l'estime la plus complète, le respect le plus profond... j'admirais mon mari, et je croyais l'aimer... Hier, je l'ai revu après cette longue absence... Il avait subi de cruelles fatigues, il avait bravé de grands dangers, il avait vu le mort menaçante à son chevet, et il revenait, gai, souriant, heureux de m'apporter une fortune acquise au prix de tant de fatigues, de périls et de douleurs... C'était pour ma parure, c'était pour mes aumônes qu'il avait tant souffert... et il avait fait une autre part de ses sueurs et de son travail, une part qu'il destinait à racheter la faute de mon père... il a voulu qu'aucune pensée pénible ne se mêlât à mes pieux souvenirs!... Ah! folle! folle que j'étais!... Je demandais où est la grandeur, où est la noblesse, où est l'héroïsme!... j'avais tout cela en lui!... et je ne le voyais pas, je ne le voyais pas!

MADAME DARMENTIÈRE, après un temps. Malheureuse femme!... c'est quand vous l'avez eu trahi, que vous avez appris à le connaître!... c'est maintenant que vous l'aimez!

VALENTINE, comme épouvantée. Non!... pas ce mot!... qui serait un blasphème!... Je le vénère, comme ce qu'il y a de plus noble, de plus saint au monde!... je le vénère... je l'admire... je... (Éclatant.) Eh bien, oui, je l'aime!... (Retombant accablée.) Vous voyez bien qu'il faut mourir, madame... Ma vie serait désormais une insulte pour lui... (Suppliante.) Mais, quand je serai morte... oh! par pitié, madame, ne me haïssez plus!... donnez-moi une larme, car je souffre bien!... et priez Dieu... priez Dieu de me pardonner! (Elle veut s'éloigner.)

MADAME DARMENTIÈRE, lui saisissant la main. Valentine!... non, non!... Voyons, Valentine... (Pleurant.) ne me quittez pas ainsi!... Vous ne savez pas combien il vous aime... votre mort le tuerait... et puis, moi... je ne veux pas que vous mouriez!...

VALENTINE, avec un cri. Ah!... cette larme!... cette larme que j'implorais!...

MADAME DARMENTIÈRE, à part. Oh! pardonne-moi, mon fils... elle souffre trop! (Haut, en cherchant à dominer son émotion.) Eh bien, oui! j'ai voulu vous empêcher de tomber, je veux vous empêcher de mourir!... (Lui prenant les mains.) Malheureuse femme!... est-ce qu'on rachète une faute par un crime?...

VALENTINE. Eh bien! parlez, commandez, guidez-moi... je ferai ce que vous me direz de faire... je vous obéirai... comme à une mère... (Avec élan.) Ah! vous êtes bonne, vous êtes bonne, madame!... vous avez pleuré sur moi!... Merci!... merci!...

MADAME DARMENTIÈRE, vivement. Mon fils!

VALENTINE. Lui!

MADAME DARMENTIÈRE. Cachez-lui vos larmes!... Sortez!... sortez!... (Valentine rentre précipitamment dans le pavillon, au moment où Darmentière paraît au fond.)

SCÈNE VII.

DARMENTIÈRE, MADAME DARMENTIÈRE.

DARMENTIÈRE, au fond. Elle s'éloigne, quand je reviens à elle! (S'asseyant à droite.) Ah! ma bonne mère, je suis bien malheureux!

MADAME DARMENTIÈRE, s'approchant et lui prenant la main. Mon ami!...

DARMENTIÈRE. Vois-tu, je n'étais pas l'homme qu'il lui fallait... Non... je m'en aperçois à présent... Je suis un homme de travail, donnant ma vie aux affaires... je suis un homme simple... aux façons vulgaires... qu'elle compare, malgré elle, à d'autres qu'elle a vus dans les salons, dans le monde où elle a passé sa jeunesse, et qui étaient mieux faits que moi pour plaire à une femme comme Valentine. (Secouant la tête.) Elle ne m'aime pas, mère... elle ne pouvait pas m'aimer!

MADAME DARMENTIÈRE, avec amertume. Tu t'accuseras toujours... et il ne te viendra pas à la pensée de l'accuser elle-même.

DARMENTIÈRE, se retournant tout à coup vers elle. Avec quelle amertume, bonne mère, tu parles de Valentine!... et ce n'est pas la première fois... Si elle ne m'aime pas, toi, tu l'as jamais aimée... (Se levant.) C'est contre ton gré que notre mariage s'est fait... j'aurais dû m'en souvenir, il y a un an... je n'aurais pas commis la faute que je me reproche aujourd'hui.

MADAME DARMENTIÈRE. Une faute?... toi?...

DARMENTIÈRE. Je ne lui aurais pas imposé, en partant, une surveillance qui l'a blessée, j'en suis certain... qui l'a blessée dans sa dignité... et voilà, oui, voilà une des causes de sa froideur et de son éloignement... Elle a vu en moi un jaloux, en toi une ennemie; dans ta présence, la preuve d'une défiance injurieuse... Oui, il y a entre vous deux une inimitié, une haine!... Et ces éclats de voix de tout à l'heure, ces larmes que j'ai vues, tu ne veux pas m'en dire la cause, parce que la tendresse craint de m'affliger... (Avec explosion de douleur.) Oh! c'est triste!... quand il y a là, dans mon cœur, une si large place pour ma femme et ma mère, que ma maison soit étroite pour elles deux!

MADAME DARMENTIÈRE. Mais si, au lieu d'être causées par moi... ces larmes... (Elle s'arrête, effrayée de ce qu'elle allait dire.)

VALENTINE DARMENTIÈRE.

DARMENTIÈRE. Parle, je le veux !
MADAME DARMENTIÈRE. Non !
DARMENTIÈRE, avec force. Achève !... parle !.. je le veux !
MADAME DARMENTIÈRE. Non !
DARMENTIÈRE. Ah ! tu la connais, la cause de ses larmes !
MADAME DARMENTIÈRE, après un temps. Eh bien ! oui, c'est vrai... sa tristesse, son chagrin, ces larmes que tu as vues, c'est ma présence dans la maison qui les fait naître... Je le savais et je ne voulais pas te le dire... par égoïsme... pour ne pas me séparer de toi... Mais, c'est décidé, je partirai.
DARMENTIÈRE, lui serrant la main. Eh bien... eh bien, oui, mère... Si ce n'est pour elle, que ce soit pour moi, pour me rendre son cœur, sa confiance, que j'ai perdue... Encore ce sacrifice pour ton enfant, à qui tu en as tant fait !... Mère, il faut nous séparer !

SCÈNE VIII.

LES MÊMES, VALENTINE.

VALENTINE, qui, pendant ces derniers mots, a paru sur les marches du pavillon. Vous séparer !... L'éloigner !... elle !... cet ange !...
DARMENTIÈRE. Que dit-elle ?
VALENTINE. Oh ! non, non !... Qu'elle reste toujours près de vous !... pour vous consoler, pour vous aimer !... Ne partez pas, madame !... Ne le quittez jamais !... L'amour d'une mère, c'est le trésor éternel et inépuisable !... (Bas, en lui prenant la main.) Cela ne trahit pas, une mère !
DARMENTIÈRE. Ce n'est donc pas elle qui cause ta tristesse ?
VALENTINE. Oh ! non, non !
DARMENTIÈRE, avec force. Mais, alors, qu'y a-t-il ?... Pourquoi cet éloignement, cette répulsion que je semble t'inspirer depuis mon retour ?... Tu m'aimais, quand je suis parti... De quelle faute me suis-je rendu coupable ?... Moi, je m'interroge vainement... Ce n'est pas parce qu'un homme, à force de courage et de travail, est allé conquérir une fortune pour sa femme, que sa femme doit s'éloigner de lui... Ce n'est pas parce qu'il a racheté l'honneur du père et réhabilité sa mémoire, que la fille doit le repousser !.... Voyons, parle, mais parle donc !..... Rien ! rien !... Ah ! je crois que j'en deviendrai fou !
VALENTINE, prête à parler. Eh bien...
MADAME DARMENTIÈRE. Valentine !... (Courtenay paraît tout à coup au fond.)

SCÈNE IX.

LES MÊMES, COURTENAY.

COURTENAY, s'arrêtant à la vue de Darmentière. Il était là ! (Il se compose aussitôt un maintien.)
VALENTINE, à part, avec terreur, à la vue de Courtenay. Oh ! (Elle tombe assise sur le canapé à droite.)
MADAME DARMENTIÈRE. Quelle audace ! (Elle remonte.)
DARMENTIÈRE. Qu'est-ce ?
COURTENAY. Veuillez m'excuser, monsieur... je croyais ne trouver ici que vous seul... Je suis un des nouveaux employés de votre usine, celui dont M. Louis vous a parlé, et je venais vous présenter...
DARMENTIÈRE. Ah ! bien... (A part.) Le fils de Courtenay !
COURTENAY, ayant ces paroles, et sans perdre de vue Valentine. Je venais aussi, monsieur, vous prier de me faire connaître vos intentions, de prononcer sur mon sort... Si vous ne me confirmez pas dans mon modeste emploi, si vous décidez que je doive quitter votre maison, vous, le maître, je vous obéirai à l'instant, je partirai.
DARMENTIÈRE. Quitter cette maison ?... Et pourquoi donc, monsieur ?... On m'a parlé de vous... Vous possédiez, m'a-t-on dit, une grande fortune, vous l'avez perdue ; et vous répondez au malheur par la résignation et le travail... C'est d'un homme honnête, courageux, et ceux-là sont assez rares pour qu'on les garde. (Il lui tend la main.)
MADAME DARMENTIÈRE, s'interposant et saisissant la main de son fils. Maurice !... (Il la regarde, étonné. — Sans lâcher sa main.) C'est le fils de Godefroy Courtenay.
DARMENTIÈRE. Qu'importe ce que fut son père ?... Je ne m'en souviens plus !
MADAME DARMENTIÈRE, à part, avec force. Oh ! c'est moi qui le chasserai !
DARMENTIÈRE, à Courtenay. Je vais lire votre rapport... plus tard, nous en causerons.
VALENTINE, bas, à madame Darmentière. Oh ! pitié !... Je ne puis supporter plus longtemps...
DARMENTIÈRE, bas. Valentine !... (Il veut la prendre dans ses bras. Valentine se jette dans les bras de madame Darmentière.)
MADAME DARMENTIÈRE. Elle a besoin de repos... je l'emmène chez moi. (Elle fait sortir Valentine la première, puis, elle s'arrête sur le seuil de la porte et se retourne vers son fils. — Il regarde sortir les deux femmes, puis s'éloigne par le fond.)

SCÈNE X.

MADAME DARMENTIÈRE, COURTENAY.

MADAME DARMENTIÈRE, allant à lui. Combien de temps comptez-vous rester encore dans cette maison, monsieur ?
COURTENAY. Je ne vous comprends pas, madame.
MADAME DARMENTIÈRE. Si je vous dis que vous y êtes entré, le mensonge à la bouche et la trahison dans le cœur... me comprendrez-vous ?... (Courtenay hausse les épaules avec impatience.) Vous ne répondez pas ?... Si je vous dis que tant d'insolence doit avoir son terme et son châtiment... comprendrez-vous, enfin ?... et, enfin, répondrez-vous, monsieur ?
COURTENAY. Eh bien... à vous, madame, comme à une autre personne déjà... je répondrai que M. Georges Courtenay sort d'une maison quand il lui plaît... et n'en sort pas quand on le lui commande.
MADAME DARMENTIÈRE, souriant avec dédain. C'est fier, cela !... Mais j'ai assez vécu, allez, pour savoir que la hauteur des paroles est presque toujours en raison de la bassesse des gens !
COURTENAY. Tenez, madame, n'engagez pas une lutte puérile entre une femme de votre âge, à qui l'injure est permise, et un homme qui dédaigne d'y répondre.
MADAME DARMENTIÈRE. Ah ! vous avez dit le mot !... une femme !... C'est parce que je ne suis qu'une femme, que vous conservez cette superbe assurance !...
COURTENAY. Si vous le voulez, soit.
MADAME DARMENTIÈRE. C'est parce que je suis une mère, que vous vous êtes dit : Soyons tranquille, elle n'ira pas dénoncer à son fils ce qui se passe dans sa maison !...
COURTENAY. Peut-être.
MADAME DARMENTIÈRE, plus haut. C'est parce qu'il n'y a pas là, près de moi, un homme pour vous saisir et vous jeter dehors !... parce qu'il n'y a pas ici un de ceux votre père a volés !... (La porte s'ouvre.)
LOUIS, paraissant. Il y en a un, madame !

SCÈNE XI.

LES MÊMES, LOUIS.

COURTENAY. Louis !
LOUIS, fièrement. Appelez-moi Louis Vernier !
COURTENAY, épouvanté. Vernier !
LOUIS, se contenant avec peine, et s'adressant à madame Darmentière. Ah ! je comprends maintenant pourquoi, lorsqu'il me remettait les papiers de mon père, M. Darmentière en a détruit plusieurs... Il voulait me dérober un nom infâme !...
COURTENAY. Monsieur !
LOUIS, se retournant vers lui. Vous comprenez bien, vite, monsieur, quand on parle d'infamie !
MADAME DARMENTIÈRE. Louis !
LOUIS, à madame Darmentière. Mais, parmi ces papiers, il y avait une lettre de ma mère, une lettre qui m'était adressée, et qu'il a oubliée peut-être... et voici ce que j'ai lu : « Mon fils, garde un pieux souvenir de ton père, ne lui reproche jamais de t'avoir abandonné seul au monde... Celui dont tu dois mépriser et maudire la mémoire, c'est le misérable qui l'a plongé dans la ruine, qui l'a poussé au suicide,... son spoliateur, son assassin, c'est Godefroy Courtenay !... » (Marchant à Courtenay.) Monsieur !... votre père a tué mon père... moi, je tuerai son fils !...
MADAME DARMENTIÈRE. Louis ! arrêtez !...

SCÈNE XII.

LES MÊMES, DARMENTIÈRE, VALENTINE.

(Valentine paraît, se soutenant à peine, et Darmentière accourt du fond.)
DARMENTIÈRE. Que se passe-t-il ?... (Voyant Louis retenu par sa mère.) Louis, que dis-tu ?
LOUIS. Je venge mon père, monsieur !
DARMENTIÈRE. Il sait tout !... Malheureux enfant, écoute-moi !
LOUIS, hors de lui et retenu par Darmentière. Je ne peux pas vous frapper, je ne peux même pas vous jeter mon gant au visage... mais je vous jette ces mots : « Votre père fut un infâme, et vous êtes un lâche ! »
COURTENAY, voulant s'élancer. Misérable !
DARMENTIÈRE, le saisissant le bras, et avec impétuosité. Taisez-vous, monsieur !... Il a subi le crime, subissez le châtiment !

ACTE CINQUIÈME.

Cabinet de travail de M. Darmentière : porte au fond donnant sur le parc; portes au premier et deuxième plans, à gauche; porte au deuxième plan, à droite; table, bureau et deux sièges à gauche; canapé riche, à droite; sièges, fond de jardin.

SCÈNE PREMIÈRE.
DARMENTIÈRE, COURTENAY.

DARMENTIÈRE, assis près d'une table. Je vous ai prié de passer chez moi, monsieur, parce que je voulais faire appel à votre conscience, à votre honneur.
COURTENAY. Veuillez vous expliquer, monsieur.
DARMENTIÈRE, après l'avoir invité à s'asseoir. Monsieur Courtenay, je désire... je veux que ce duel entre vous et Louis n'ait pas lieu.
COURTENAY. Vous savez mieux que personne, monsieur, si ma déférence à vos désirs peut aller jusque-là.
DARMENTIÈRE. Je sais que les haines ne doivent pas se transmettre de père en fils, et que les fautes ne sont pas héréditaires.
COURTENAY. L'injure a été sanglante, monsieur.
DARMENTIÈRE. C'est vrai... et je veux pour vous une réparation complète... Mais il faut faire la part de l'âge... la part de l'emportement...
COURTENAY. Il outrageait mon père : devais-je être plus calme que lui?
DARMENTIÈRE. Il souffrait depuis quinze ans, se demandant pour quelle faute son père était mort... et il apprend tout à coup que son père, l'honneur, la vertu même, s'est tué parce que le vôtre... Je ne veux pas vous irriter, vous blesser : je ne vous parlerai pas de la cause de cette mort... mais un fils qui découvre un jour quelle main a chargé le pistolet qui a frappé son père, quel bras a dirigé cette arme...
COURTENAY. Assez, assez, monsieur!... Rien ne pouvait autoriser, rien ne peut expliquer les termes outrageants échappés à la colère de ce jeune homme.
DARMENTIÈRE. A sa colère, vous le reconnaissez... et, s'il le reconnaît lui-même, nous aurons fait un grand pas dans la voie de la conciliation. Autorisez-moi à voir M. Vernier.
COURTENAY. Cette concession, monsieur... qui me coûte... c'est à vous, à vous seul que je la fais... mais en vous rappelant que je serai rigoureux sur les termes de la réparation...
DARMENTIÈRE. Et vous avez raison, monsieur... Revenez dans une demi-heure: une conférence aura lieu entre vous, Louis et moi, et je vous promets que vous en sortirez la tête haute.
COURTENAY. Comme je ne veux pas sembler venir au-devant de ce dénoûment pacifique, si vous le permettez, monsieur, j'amènerai deux témoins et j'apporterai des armes.
DARMENTIÈRE. Qui seront inutiles, j'espère.
COURTENAY. A bientôt, monsieur!
DARMENTIÈRE. A bientôt! (Courtenay sort.)

SCÈNE II.
DARMENTIÈRE, puis MADAME DARMENTIÈRE.

DARMENTIÈRE. Je ne veux pas que cette malheureuse affaire aille plus loin... Il faudra que Louis fasse à ce jeune homme la réparation qui lui est due.
MADAME DARMENTIÈRE, dans un grand trouble, qu'elle cherche à cacher. Maurice! Maurice!...
DARMENTIÈRE. Tu me cherchais, bonne mère?...
MADAME DARMENTIÈRE. Je voulais te parler.
DARMENTIÈRE. De Valentine?... Comment se trouve-t-elle ce matin?... Hélas!... elle m'a supplié avec tant d'instance de ne plus passer la nuit à son chevet, qu'il a bien fallu me résigner... Mais que t'a dit le docteur?...
MADAME DARMENTIÈRE. Le docteur?... A moi, rien... sinon qu'il fallait du calme, du repos... Et, malgré mes prières, elle s'est arrachée de son lit... Elle peut venir d'un instant à l'autre... éloigne-toi, mon fils.
DARMENTIÈRE. Comment! tu veux que je te laisse... que je m'éloigne, lorsque Valentine, lorsque ma femme vient ici?... Pourquoi?... Voyons, réponds, ma mère, pourquoi?...
MADAME DARMENTIÈRE. L'état où elle se trouve te ferait mal.
DARMENTIÈRE. Crois-tu donc que je ne souffre pas loin d'elle?
MADAME DARMENTIÈRE. Le délire s'est emparé de son esprit... et les paroles qu'elle prononce dans ces terribles moments...
DARMENTIÈRE, avec force. Tu crains que je ne les entende donc?
MADAME D'ARMENTIÈRE. Moi?... Non... je...
DARMENTIÈRE. Suis-je donc un étranger dans ma propre maison?... et ma femme peut-elle révéler, dans le délire, des secrets que je n'aie pas le droit de connaître?
MADAME DARMENTIÈRE. Tu es le maître, Maurice... mais, au nom du ciel...
DARMENTIÈRE. Tiens, ma mère, ces hésitations, ce trouble que tu cherches vainement à me cacher... ce désir de m'éloigner d'elle... tout cela me rend fou!...
MADAME DARMENTIÈRE. Maurice!...
DARMENTIÈRE. Assez, assez!... Je reste!...
VALENTINE, dans la coulisse. Maurice!... Maurice!...
MADAME DARMENTIÈRE. Elle vient!... Maurice, va-t'en, je t'en conjure!...
DARMENTIÈRE. Je reste!... je reste!

SCÈNE III.
LES MÊMES, VALENTINE.

VALENTINE, entrant, en proie au délire. Maurice!... à moi!... à mon secours, Maurice!...
DARMENTIÈRE. Me voilà!
MADAME DARMENTIÈRE, à part. Mon Dieu, ayez pitié d'elle!
VALENTINE. Maurice!... Non, non, il ne répond plus à ma voix!... il me repousse!... il me chasse!... (A Maurice.) Il vous l'a dit, n'est-ce pas?... Mais alors, qui donc me protégera, qui me défendra?...
DARMENTIÈRE. Quel danger peux-tu redouter?... Parle, réponds!
VALENTINE, se serrant contre lui. Quel danger?... Mais vous ne le voyez donc pas, lui?
DARMENTIÈRE. Lui!...
MADAME DARMENTIÈRE. Malheureuse!...
DARMENTIÈRE, à sa mère. Silence!... (A Valentine.) Lui! avez-vous dit?...
VALENTINE. Oui!... cet ennemi de mon bonheur, de ma vie!... de l'honneur de Maurice!...
DARMENTIÈRE, avec éclat. De mon honneur!...
MADAME DARMENTIÈRE. Taisez-vous, Valentine!
DARMENTIÈRE. Silence, ma mère!... je ne suis pas seulement le maître ici, je suis le juge!... (A Valentine.) Allons, parle, quel est cet ennemi qui te menace?
VALENTINE. Mais c'est lui, vous dis-je!... lui, qui est là, devant moi... dont le sourire me brave, dont le regard m'insulte!...
DARMENTIÈRE. Achève!
VALENTINE. Lui, qui m'a perdue, enfin!
DARMENTIÈRE. Perdue!... perdue!... (Lui saisissant les mains et la faisant tomber à genoux, à sa droite.) Misérable!...
MADAME DARMENTIÈRE, se jetant entre eux deux. Maurice!... c'est le délire qui a parlé... tu ne peux pas condamner, tu n'as pas le droit de punir!
DARMENTIÈRE. Je ne peux pas condamner!... Et toi, peux-tu me jurer... que tu la crois innocente?...
MADAME DARMENTIÈRE, avec épouvante. Jurer!...
DARMENTIÈRE. Sur la mémoire de mon père... le peux-tu?... (Madame Darmentière courbe la tête.) Non!... non!... Tu vois bien qu'elle m'a trompé, qu'elle m'a trahi!... Ah! tiens, emmène-la, je la jetterais!...
MADAME DARMENTIÈRE, relevant Valentine. Venez, Valentine.
VALENTINE. Qui êtes-vous?... où me conduisez-vous?... (Revenant peu à peu à elle-même.) Ah! Maurice!... (Madame Darmentière lui met la main sur la bouche. Bas.) Ai-je parlé, madame?...
MADAME DARMENTIÈRE. Non... Venez, vous dis-je, venez... (Elles sortent.)

SCÈNE IV.
DARMENTIÈRE, puis MULOT, et BÉRÉNICE.

DARMENTIÈRE, tombant tout en larmes sur une chaise. O mon Dieu!... mon Dieu, est-ce donc vrai?... De tout mon bonheur... de toutes mes croyances... de ma vie entière... plus rien... plus rien... (Il pleure.)
BÉRÉNICE, entrant la première. Viens... monsieur est seul...
DARMENTIÈRE. Que me veut-on?...
MULOT. Pardon, monsieur, c'est moi qui désire vous entretenir un instant...
DARMENTIÈRE. Demain... plus tard...
MULOT. C'est que, plus tard... il sera trop tard... Il y va du bonheur de quelqu'un, monsieur...
BÉRÉNICE. Et peut-être bien de l'honneur d'une femme! (Ils se tiennent debout, devant Darmentière assis.)
MULOT. Voilà... Monsieur, Bérénice m'a dit que M. Courtenay devait se battre, et Bérénice exige que je lui rende d'abord sa fortune, qu'il m'a prêtée pour quelque temps...
DARMENTIÈRE, étonné. Sa fortune... qu'il vous a prêtée?...

MULOT. Oui, monsieur, un simple prêt... Nous avons signé un petit acte en double, qui dit que je jouis de l'usufruit de ladite fortune, jusqu'au jour là où viendra me la réclamer...

BÉRÉNICE. Mais je ne veux pas qu'il attende ce jour-là... parce qu'il y a une mauvaise action au fond de ce manège, et j'entends que, dès aujourd'hui, il restitue le tout...

DARMENTIÈRE, très-attentif. Expliquez-vous.

BÉRÉNICE. C'est un monsieur qui voulait se rendre intéressant aux yeux d'une femme... et qui s'est fait passer pour ruiné...

DARMENTIÈRE, à lui-même. C'est étrange!... (A Mulot.) Ah! c'est pour plaire à une femme...

MULOT. Une belle dame de Paris...

DARMENTIÈRE, vivement. De Paris?...

MULOT. A ce qu'il dit...

DARMENTIÈRE. Continuez donc...

MULOT. Il paraît que la dame aime les pauvres...

BÉRÉNICE. Pour cette comédie, il fallait à ce monsieur un imbécile, qu'il faisait semblant d'enrichir... et il a pris Mulot.

MULOT. Et il m'a pris, monsieur... en me décorant d'un nom nouveau, du nom de Louis Vernier.

DARMENTIÈRE, se levant. Louis Vernier!... Et cet homme, c'est M. Courtenay?

MULOT. Ça l'est, monsieur.

DARMENTIÈRE, à part. Courtenay!... Oui, ce devait être lui... lui qui ne se savait pas sous le même toit que le pauvre enfant dont il donnait le nom à un autre!... lui qui, pour pénétrer ici, chez moi, près d'elle, se parait d'un beau sentiment de générosité, qui se faisait grand, noble, désintéressé, et qui mentait lâchement!... Ah! je le sais, je le sais enfin, ce nom! (Haut.) Il vous a dit qu'il s'agissait d'une dame... de Paris?

MULOT. Oui, monsieur.

DARMENTIÈRE. Et il ne vous a pas trompé... Je la connais, cette femme.

BÉRÉNICE. Et vous la préviendrez, monsieur?

DARMENTIÈRE. Peut-être.

MULOT. Alors, je vais tout lui rendre.

BÉRÉNICE. Oui, tout, à l'instant même.

DARMENTIÈRE. Non.

MULOT. Faut tout garder?... Je garde.

DARMENTIÈRE. Attendez que je l'aie vu, que je lui aie parlé.

MULOT. Oui, monsieur.

DARMENTIÈRE. Maintenant, allez le trouver et rappelez-lui que je l'attends.

BÉRÉNICE. Oui, monsieur. (Ils sortent.)

SCÈNE V.

DARMENTIÈRE, puis LOUIS.

DARMENTIÈRE. Lui!... c'était lui!... et il va venir! (S'arrêtant, par réflexion.) Il va venir... pour se battre avec Louis Vernier, pour venger l'insulte infligée à la mémoire de son père... Si j'empêche ce combat, si je prends la place de Louis Vernier, la cause de ce duel change avec le nom de l'adversaire... Ce n'est plus la honte de Godefroy Courtenay qui est mise en lumière... c'est la mienne... On dira : M. Darmentière s'est battu avec l'amant de sa femme... ma vengeance devient la flétrissure de cette femme qui porte mon nom!... Oh! que faire, mon Dieu! que faire?... (Il s'assied. — Louis paraît.) Louis !

LOUIS. J'attends M. Courtenay. J'ai compté sur vous, monsieur, pour me servir de témoin.

DARMENTIÈRE. Un duel, entre toi et cet homme!... (A part.) Un duel dont je ne serais que le témoin!... moi! (Haut.) Je le verrais mourir de sa main...

LOUIS. Ou, peut-être, mourrait-il de la mienne...

DARMENTIÈRE. Je ne le veux pas... Ce duel n'aura pas lieu.

LOUIS. Cependant.

DARMENTIÈRE. Eh! que t'a-t-il fait, à toi, pour que sa vie t'appartienne?

LOUIS. Mon père est mort...

DARMENTIÈRE. Par lo sien, non par lui... Laisse à chacun le poids de sa faute, à chacun le châtiment qui l'attend... Son père a tué le tien ; mais son père est devant Dieu, et Dieu le châtiera... Le fils n'est responsable que de ses actions à lui... Ce n'est pas à toi que sa vie appartient : je ne veux pas que tu te battes... Tu me laisseras agir comme je l'entendrai.

LOUIS. Soit... J'ai confiance en vous, monsieur: vous n'exigerez rien de moi que votre fils puisse réprouver l'honneur.

DARMENTIÈRE. Et tu dis vrai, mon enfant... Mais il va venir, cet homme.

LOUIS. Je l'attendrai avec vous.

DARMENTIÈRE. Non, non, je le recevrai seul... Toi, entre dans cette chambre, et n'en sors pas avant que je sois allé te chercher.

LOUIS. Mais, monsieur...

DARMENTIÈRE. Louis, tu m'as promis de m'obéir.

LOUIS. Je me soumets... Je connais mal, peut-être, les limites où s'arrêtent les susceptibilités de l'honneur... Le mien est entre vos mains... Je puis vous sacrifier ma haine, mais vous ne me demanderez pas davantage?

DARMENTIÈRE. Compte sur moi.

UN DOMESTIQUE. Monsieur Courtenay!

DARMENTIÈRE. Entre là, et souviens-toi de m'attendre. (Il le pousse dehors au moment où Courtenay entre.)

SCÈNE VI.

DARMENTIÈRE, COURTENAY.

COURTENAY. C'est M. Vernier qui s'éloigne de ce côté?

DARMENTIÈRE. C'est lui.

COURTENAY. Je vous remercie, monsieur, de votre intervention; mais, en vérité, je regrette un peu de l'avoir acceptée... je n'ai pas réussi.

DARMENTIÈRE, très-calme. N'ayez point de regrets, monsieur...

COURTENAY. Ah ! M. Vernier persiste dans son insulte?... Soit, mes témoins et les armes sont là.

DARMENTIÈRE. Oui, j'ai fait de vains efforts : il est resté inébranlable... « J'ai dit que le père de M. Courtenay a volé et assassiné mon père, me répétait-il... Puis-je rétracter cela?... » Et franchement, monsieur, que devais-je lui répondre?... car, enfin, ce qu'a commis votre père...

COURTENAY, étonné. Mais c'est un nouvel outrage à la mémoire de mon père!

DARMENTIÈRE. Je raconte son passé, je dis la vérité, voilà tout.

COURTENAY. La vérité !... (Se contenant à peine.) C'est son mari, à elle !...

DARMENTIÈRE. Louis ajoutait que vous aviez profité longtemps, et sans le plus léger scrupule, de ce vol odieux; que vous vous en étiez ainsi fait le complice !... Et à cela, je n'avais rien à répondre encore.

COURTENAY. Mais c'est une nouvelle insulte qui m'est faite, et cette fois, par vous, monsieur !

DARMENTIÈRE. Vous trouvez?

COURTENAY. Oui, monsieur, et je veux...

COURTENAY, avec contrainte. Continuez... (A part.) Je serai maître de moi.

DARMENTIÈRE. Louis Vernier ajoutait encore que vous vous étiez présenté dans cette maison comme un homme ruiné, que vous aviez fait appel à sa générosité, à sa pitié, et que vous ne jouiez pour lui et pour les autres qu'une indigne et misérable comédie...

COURTENAY, déconcertancé. Moi?

DARMENTIÈRE. Que, dans un but secret, impossible à comprendre, vous aviez ramassé je ne sais quel pauvre diable, auquel vous avez feint de restituer la fortune volée par M. Courtenay, et qu'à cet aventurier vous avez imposé le nom de Vernier... si bien, qu'après la ruine et la mort du père, vous attentiez encore à l'honneur du fils !... Savez-vous bien, monsieur, que ce sont de grandes infamies que vous avez commises, et qu'auprès de vous monsieur Courtenay, le voleur, était un honnête homme !

COURTENAY. Ah ! c'en est trop, monsieur !... J'aurais pu pardonner l'injure faite par ce jeune homme, qui cédait à une douleur légitime et sacrée... Mais l'outrage que vous m'adressez froidement et sans raison... Oh ! cet outrage, je le vengerai... Ce n'est plus avec lui, c'est avec vous que je veux me battre !

DARMENTIÈRE. Allons donc !... vous avez été bien long à me comprendre !

COURTENAY. Quoi !... monsieur, vous...

DARMENTIÈRE, très-bas. Pas un mot !... J'ai insulté votre père : c'est pour cela, pour cela seulement, que je me bats... Vos témoins sont là, marchons !

COURTENAY. Marchons, monsieur ! (Ils sortent par le fond, en même temps que Mulot et Bérénice entrent par le côté.)

MULOT, un papier à la main. Monsieur, voici la convention faite entre M. Courtenay et moi...

BÉRÉNICE. Tiens !... il s'en va !...

MULOT, regardant au dehors. Avec M. Courtenay !... Ils portent une boîte de pistolets !...

BÉRÉNICE, effrayée. Des pistolets !

MULOT. Est-ce que M. Darmentière va lui servir de témoin?

BÉRÉNICE. Mais non, voilà deux autres messieurs... ils tournent l'allée du parc... Ah! mon Dieu!
MULOT. C'est un duel!... Je sais ce que c'est, j'en ai entendu parler.
BÉRÉNICE. Un duel!... Au secours!... au secours!...

SCÈNE VII.

LES MÊMES, VALENTINE, MADAME DARMENTIÈRE.

VALENTINE. Qu'y a-t-il?
MADAME DARMENTIÈRE. Pourquoi ces cris?
BÉRÉNICE. Là, dans le parc!... ils vont se battre!...
MULOT. Un duel!
VALENTINE. Un duel!...
MADAME DARMENTIÈRE. Entre Louis et M. Courtenay!... (On entend deux coups de pistolet. — Louis paraît.)
VALENTINE. Monsieur Vernier!
LOUIS. Ce bruit!...
MADAME DARMENTIÈRE. Vous!... vous ici!...
VALENTINE, avec force. Mais qui donc se bat en ce moment?...
MULOT. Monsieur Darmentière!
TOUS. Lui!...
VALENTINE, poussant un cri. Ah!... (Elle tombe évanouie sur le canapé.)

SCÈNE VIII.

LES MÊMES, DARMENTIÈRE.

MADAME DARMENTIÈRE. Mon fils!...
DARMENTIÈRE, brusquement. Laissez-moi, ma mère!... il ne me suffit pas d'être vengé à demi... Laissez-moi, après celui que j'ai tué, celle que je condamne à vivre dans l'abandon et le remords... (Il veut s'élancer vers Valentine.)
MADAME DARMENTIÈRE, l'arrêtant, et avec autorité. Celle qui va mourir, Maurice, si tu lui apprends que tu la sais coupable!...
DARMENTIÈRE, s'arrêtant. Mourir!...
MADAME DARMENTIÈRE, bas. Tu demandais tout à l'heure ce que m'a dit le médecin... Eh bien, souviens-toi de son père, mort d'une rupture au cœur, en apprenant le suicide de Vernier!...
DARMENTIÈRE. Quoi!... Valentine?...
MADAME DARMENTIÈRE, lui tenant toujours la main, et cherchant à le dominer. Elle revient à elle... Un mot de ta bouche... c'est le pardon... ou la mort!...
DARMENTIÈRE. La tuer!... moi!...
VALENTINE, ouvrant les yeux. Que s'est-il donc passé?... Ah! je me souviens... Maurice!... Ah! Dieu est bon!... (Madame Darmentière le lui montre.) Ah! Dieu est juste, Dieu l'a sauvé!... (Elle tombe à genoux.)
MADAME DARMENTIÈRE, bas. Sa vie est dans tes mains, Maurice... Elle croit que tu ignores sa faute... elle se repent... et elle t'aime!...
DARMENTIÈRE, après un instant de lutte. Valentine!... Louis est mon enfant d'adoption... je ne voulais pas qu'il fût tué,... je me suis battu pour lui...
VALENTINE. Pour lui!... c'est...
DARMENTIÈRE. C'est pour lui... Mais viens donc!... (Il lui tend les bras.)
VALENTINE, tremblante et hésitant. Ah! madame...
MADAME DARMENTIÈRE. Puisque Dieu vous le rend, embrassez-le, ma fille!...
VALENTINE, dans les bras de Darmentière. Maurice!... Maurice!...
MADAME DARMENTIÈRE, bas. Qu'elle ignore toujours que tu as connu sa faute!
DARMENTIÈRE, bas. Eh bien, oui, toujours!...
MULOT, tout à coup. Mais, j'y pense!... M. Courtenay est mort.
BÉRÉNICE. Et tu as sa fortune jusqu'à ce qu'il te la demande.
MULOT. J'attendrai.

FIN.

www.ingramcontent.com/pod-product-compliance
Lightning Source LLC
Chambersburg PA
CBHW071438060426
42450CB00009BA/2235